高职高专实验实训“十三五”规划教材

基础会计实训

主　编　李　平
副主编　刘　芳　刘建波

北　京
冶金工业出版社
2017

内容简介

本书以会计实际工作内容和会计岗位要求为依据，通过模拟企业的实际业务来训练学生填制会计凭证、登记会计账簿和编制财务报表。全书共分 8 个实训项目，包括会计数码字书写、填制和审核原始凭证、填制和审核记账凭证、设置和登记会计账簿、查找和更正错账、编制银行存款余额调节表、编制财务报表和会计基本业务综合训练。

本书可作为高职高专院校财政、税收、会计、金融、经贸等经济管理类专业教材（配有教学课件），也可供从事财税工作人员参考。

图书在版编目(CIP)数据

基础会计实训/李平主编．—北京：冶金工业出版社，2017.1（2017.12 重印）
高职高专实验实训“十三五”规划教材
ISBN 978-7-5024-7454-6

Ⅰ.①基…　Ⅱ.①李…　Ⅲ.①会计学—高等职业教育—教材　Ⅳ.①F230

中国版本图书馆 CIP 数据核字(2017)第 010915 号

出 版 人　谭学余
地　　址　北京市东城区嵩祝院北巷 39 号　邮编　100009　电话　(010)64027926
网　　址　www.cnmip.com.cn　电子信箱　yjcbs@cnmip.com.cn
责任编辑　俞跃春　杜婷婷　美术编辑　杨　帆　版式设计　葛新霞
责任校对　郑　娟　责任印制　李玉山
ISBN 978-7-5024-7454-6
冶金工业出版社出版发行；各地新华书店经销；固安华明印业有限公司印刷
2017 年 1 月第 1 版，2017 年 12 月第 2 次印刷
169mm×239mm；9.25 印张；179 千字；141 页
26.00 元

冶金工业出版社　投稿电话　(010)64027932　投稿信箱　tougao@cnmip.com.cn
冶金工业出版社营销中心　电话　(010)64044283　传真　(010)64027893
冶金书店　地址　北京市东四西大街 46 号(100010)　电话　(010)65289081(兼传真)
冶金工业出版社天猫旗舰店　yjgycbs.tmall.com

前言

为了更好地解决《基础会计》课程的实训环节教学问题，提高学生的会计实操能力，作者组织有多年教学经验和会计工作经历的教师编写了这本与《基础会计》教材配套的《基础会计实训》教材。

本书以会计实际工作内容和会计岗位要求为依据，通过模拟企业的实际业务，运用真实的会计凭证、会计账簿和财务报表，将企业会计核算所需的各种资料展现在学生面前，目的是学以致用。全书共分8个实训项目，其中第1~7个实训项目主要是针对会计基本方法进行训练，第8个实训项目为会计基本业务综合实训，要求学生完成从取得原始凭证到填写记账凭证、登记明细账和总账，最终到编制财务报表的会计核算全过程。

本书的特色主要体现在以下两个方面：

(1) 针对性。本书是《基础会计》的配套教材，是针对高职高专会计专业及经济管理类各专业学生编写的，旨在将《基础会计》中的知识点以各种仿真票据形式提供给学生练习，将企业会计核算资料以模拟实训方式提供给学生训练，促进理论与实践相结合。

(2) 实用性。本书既适合高职高专会计专业学生使用，也适合经济管理类各专业学生使用。通过本书的实训操作，能进一步提高学生会计实务实际操作技能。

本书由湖南外贸职业学院李平担任主编，刘芳、刘建波担任副主编。

本书配套教学课件读者可从冶金工业出版社官网（http://www.cnmip.com.cn）教学服务栏目中下载。

由于编者水平所限，书中不足之处，敬请读者批评指正，以便修订时改进。

作者

2016年11月

目 录

实训一　会计数码字书写

一、实训目的

数码字的书写是会计的一项基本技能，书写规范与否直接关系到整个会计工作的质量。通过实训，使学生熟练掌握阿拉伯数字和大写数字的标准写法，做到书写规范、清晰流畅。

二、实训指导

（1）字体要各自成形，大小均匀，排列整齐，字迹工整、清晰。

（2）阿拉伯数字应当一个一个地写，不得连笔写；字体要自右上方向左下方倾斜写，同行的相邻数字之间要空出半格阿拉伯数字的位置；有圆的笔画的数字，如6、8、9、0等，圆必须封口；每个数字要紧靠凭证或账表行格底线书写，字体高度占行格高度的1/2以下，不得写满格，以便留有改错的空间。

（3）汉字大写数字要以正楷或行书字体书写，不得连笔写；不允许使用未经国务院公布的简化字或谐音字。大写数字一律用“壹、贰、叁、肆、伍、陆、柒、捌、玖、拾、佰、仟、万、亿、元、角、分、零、整”等，不得用“毛”代替“角”、“另”代替“零”。

（4）阿拉伯数字金额前冠以人民币符号“￥”，大写金额前未印有货币名称的，应当加填货币名称，货币名称与金额数字之间不得留有空白。

（5）阿拉伯数字中间有“0”时，汉字大写金额要写“零”字；阿拉伯数字金额中间连续有几个“0”时，汉字大写金额中可以只写一个“零”字；阿拉伯数字金额元位是“0”，或者数字中间连续有几个“0”、元位也是“0”但角位不是“0”时，汉字大写金额可以只写一个“零”字，也可以不写“零”字。

（6）汉字大写金额数字到元或角为止的，在“元”或“角”字之后应当写“整”字或“正”字，大写金额数字有分的，分字后面不写“整”字或“正”字。

三、实训资料

（1）对照表1-1中数字练习阿拉伯数字书写。

表 1-1　阿拉伯数字书写练习表

0	1	2	3	4	5	6	7	8	9	0	1	2	3	4	5	6	7	8	9	0	1	2	3	4	5	6	7	8	9

（2）对照表 1-2 中数字练习没有数位线的数码金额书写。

表 1-2　数码金额书写练习

¥1 259.50	¥10 089.25	¥8 784 516.58	¥7 657 936.27	¥69 745.00	¥84 568.00

（3）中文大写数字转换为阿拉伯数字的书写。

1）人民币捌拾叁元肆角陆分　　应写成＿＿＿＿＿＿

2）人民币陆佰零捌元贰角整　　应写成＿＿＿＿＿＿

3）人民币壹仟伍佰元整　　应写成＿＿＿＿＿＿

4）人民币玖万肆仟叁佰柒拾元整　　应写成＿＿＿＿＿＿

5）人民币贰拾伍万肆仟叁佰元零陆角整　　应写成＿＿＿＿＿＿

6）人民币玖佰柒拾叁万零贰佰肆拾元整　　应写成＿＿＿＿＿＿

7）人民币壹万伍仟元零捌分　　应写成＿＿＿＿＿＿

8）人民币贰角柒分　　应写成＿＿＿＿＿＿

9）人民币叁佰万元整　　应写成＿＿＿＿＿＿

10）人民币捌万零肆元整　　应写成＿＿＿＿＿＿

（4）对照表 1-3 中文字分别用楷体和行楷练习单个中文大写数字（含数位书写）。

表 1-3　中文大写数字练习

零											零											
壹											壹											
贰											贰											
叁											叁											
肆											肆											
伍											伍											
陆											陆											
柒											柒											
捌											捌											
玖											玖											
拾											拾											
佰											佰											
仟											仟											
万											万											
亿											亿											
元											元											
角											角											
分											分											
整											整											

（5）将下列小写数字转换为中文大写数字。

1）￥589. 60　　应写成________

2）￥270. 80　　应写成________

3）￥2 581. 00　　应写成________

4）￥34 626. 38　　应写成________

5）￥80 400. 39　　应写成________

6）￥7 620. 04　　应写成________

7）￥50 701. 25　　应写成________

8）￥8 000 000. 00　　应写成________

9）￥7 000 000. 81　　应写成________

10）￥29. 00　　应写成________

实训二　填制和审核原始凭证

一、实训目的

原始凭证是经济业务活动的源头，也是进行会计处理的原始依据。原始凭证的真实性、有效性、合法性、合理性和准确性直接关系到会计信息质量的高低，关系到投资者、债权人等各方的权益。通过实训，使学生熟悉原始凭证应具有的基本要素，掌握原始凭证的填制方法和审核内容。

二、实训指导

（1）内容逐项填写齐全，不得遗漏。

（2）使用规定的笔填写，字迹要工整、清晰。

（3）大小写金额必须一致，且按照阿拉伯数字和汉字大写数字的书写要求正确填写。

（4）注意错误的原始凭证的更正方法。

三、实训资料

通达公司2016年3月发生下列经济业务（通达公司地址：青年路2号；纳税人登记号：2200022020333；开户银行及账号：中国银行5443376231）。

（1）1日，销售甲商品给红星公司，数量200件，售价10元/件，增值税税率为17%，开出增值税发票，收到银行转来进账单收账通知（购货单位地址为工农路29号；纳税人登记号为4500011050389；开户银行及账号为工商银行759625963）。填制增值税专用发票和银行进账单见表2-1和表2-2。

（2）2日，以银行存款从方圆公司购进材料一批，已入一库。其中：A材料100kg，单价5元，计500元；B材料30t，单价200元，计6 000元。填制入库单，见表2-3。

（3）8日，开出转账支票一张，偿还应付长城公司货款6 000元。填制转账支票，如图2-1所示。

（4）12日，仓库发出下列材料用于生产，其中：A材料200kg，单价5元，计1 000元；B材料10t，单价200元，计2 000元。填制领料单，见表2-4。

表 2-1 增值税专用发票

开票日期：　　　年　月　日　　　　　　　　NO. 00322688

购货单位	名　称		纳税人登记号	
	地址、电话		开户银行及账号	

货物或应税劳务名称	计量单位	数量	单价	金　额									税率（%）	金　额								
				百	十	万	千	百	十	元	角	分		百	十	万	千	百	十	元	角	分
合　计																						

价税合计（大写）	仟　佰　拾　万　仟　佰　拾　元　角　分　¥

销货单位	名　称		纳税人登记号	
	地址、电话		开户银行及账号	
备注				

第四联：销货方记账

开票单位（未盖章无效）

表 2-2 银行进账单

年　　月　　日

收款人	全称												
	账号		开户银行										
人民币（大写）			万	千	百	十	万	千	百	十	元	角	分
付款人名称	付款人开户行及账号	票据号码											
			对方科目										
备注			复核						记账				

表 2-3 入库单

供货单位：　　　　　　　　　　　　　　凭证编号：

发票编号：　　　　　年　　月　　日　　收料仓库：

材料类别	材料编号	材料名称	规格	计量单位	数　量		金　额									附　注
					应收	实收	单价	总　价								
								十	万	千	百	十	元	角	分	
合　计																

会计主管：　　记账：　　仓库主管：　　保管：　　验收：　　采购：

中国银行转账支票存根		中国银行 **转账支票**
IV V931001 科　　目：________ 对方科目：________ 出票日期　年　月　日 收款人： 金额： 用途： 单位主管　　会计	本支票付款期限十天	IV V931001 出票日期（大写）　　年　月　日　　付款人名称： 收款人：　　出票人账号： 人民币（大写）　千 百 十 万 千 百 十 元 角 分 用途________　　科目（借）________ 上列款项请从　　对方科目（贷）________ 我账户内支付　　转账日期　年　月　日 出票人签章　　复核　　记账

图 2-1　转账支票

表 2-4　领料单

领料单位：　　　　年　　月　　日

材料编号	材料名称	规格	单价	数量		单价	金额
				请领	实发		
合　计							

主管：　　　记账：　　　领料人：　　　发料人：

（5）15 日，从政和公司购入 A 材料 1000kg，单价 5 元，增值税税率为 17%，款项以银行存款支付（销货单位地址：工农路 10 号；纳税人登记号：456427777778；开户银行及账号：中国工商银行 589256398）。填制增值税专用发票，见表 2-5。

表 2-5　增值税专用发票

开票日期：　　年　月　日　　　　NO. 003256890

<table>
<tr><td rowspan="2">购货单位</td><td>名　称</td><td colspan="3"></td><td colspan="9">纳税人登记号</td><td colspan="10"></td><td rowspan="9">第二联：购货方记账</td></tr>
<tr><td>地址、电话</td><td colspan="3"></td><td colspan="9">开户银行及账号</td><td colspan="10"></td></tr>
<tr><td colspan="2" rowspan="2">货物或应税劳务名称</td><td rowspan="2">计量单位</td><td rowspan="2">数量</td><td rowspan="2">单价</td><td colspan="9">金　额</td><td rowspan="2">税率(%)</td><td colspan="9">金　额</td></tr>
<tr><td>百</td><td>十</td><td>万</td><td>千</td><td>百</td><td>十</td><td>元</td><td>角</td><td>分</td><td>百</td><td>十</td><td>万</td><td>千</td><td>百</td><td>十</td><td>元</td><td>角</td><td>分</td></tr>
<tr><td colspan="2"></td><td></td><td></td><td></td><td></td><td></td><td></td><td></td><td></td><td></td><td></td><td></td><td></td><td></td><td></td><td></td><td></td><td></td><td></td><td></td><td></td><td></td><td></td></tr>
<tr><td colspan="2"></td><td></td><td></td><td></td><td></td><td></td><td></td><td></td><td></td><td></td><td></td><td></td><td></td><td></td><td></td><td></td><td></td><td></td><td></td><td></td><td></td><td></td><td></td></tr>
<tr><td colspan="2">合　计</td><td></td><td></td><td></td><td></td><td></td><td></td><td></td><td></td><td></td><td></td><td></td><td></td><td></td><td></td><td></td><td></td><td></td><td></td><td></td><td></td><td></td><td></td></tr>
<tr><td colspan="2">价税合计（大写）</td><td colspan="22">仟　佰　拾　万　仟　佰　拾　元　角　分　¥</td></tr>
<tr><td rowspan="2">销货单位</td><td>名　称</td><td colspan="6"></td><td colspan="8">纳税人登记号</td><td colspan="9"></td></tr>
<tr><td>地址、电话</td><td colspan="6"></td><td colspan="8">开户银行及账号</td><td colspan="9"></td><td></td></tr>
</table>

开票单位（未盖章无效）

（6）17 日，供应科李小莉赴北京开会，填制借款单，经批准后借支差旅费

2 000元，财务人员审核无误后付现金，见表2-6。

表2-6 借款单

年 月 日

部 门			借款事由		
借款金额	金额（大写）			¥	
批准金额	金额（大写）			¥	
领 导	张雷	财务主管	刘军	借款人	

（7）20日，开出现金支票提取现金4 000元备用。填制现金支票，如图2-2所示。

中国银行现金支票存根
IV3888811

科 目：________
对方科目：________

出票日期 年 月 日

收款人：	
金额：	
用途：	

单位主管 会计

本支票付款期限十天

现金支票

中国银行
IV3888811
出票日期（大写） 年 月 日 付款人名称：
收款人： 出票人账号：

人民币（大写）	千	百	十	万	千	百	十	元	角	分

用途________ 科目（借）________

上列款项请从 对方科目（贷）________
我账户内支付 付讫日期 年 月 日
出票人签章 复核 记账

图2-2 现金支票

（8）22日，向本市市民马小莉销售甲商品1件，单价500元，收到现金并开出零售发票。填制零售发票，见表2-7。

表2-7 江苏省南通市商品销售统一发票

购货单位： 年 月 日
NO. 0023589

品名	规格	单位	数量	单价	金额							备注
					万	千	百	十	元	角	分	
合计												
合计金额（大写）												

开票人： 收款人： 单位名称（盖章）：

（9）24日，将现金8 500元存入银行，其中，100元60张、50元40张、10元25张、5元50张。填制现金缴款单，见表2-8。

表 2-8　现金缴款单（回单）

年　　月　　日　　　　　　　　NO. 189512

款项来源					收款单位	全称									
解款部门						账号									
金额	人民币（大写）							十	万	千	百	十	元	角	分
种类	张数	种类	张数	种类	张数	种类	张数	（银行盖章）							
100 元		50 元		10 元		5 元		收款 复核							

（10）25 日，收到红星公司转账支票一张，归还前欠货款 15 000 元。其开户银行及账号：中国银行 3296257561。填制银行进账单将款项存入银行，银行进账单见表 2-9。

表 2-9　银行进账单（收账通知）

年　　月　　日　　　　　　　　第　　号

出票人	全称		收款人	全称											
	账号			账号											
	开户行			开户行											
金额	人民币（大写）					千	百	十	万	千	百	十	元	角	分
票据种类															
票据张数															
单位主管　　会计　　复核　　记账						收款人开户银行签章									

（11）25 日，电汇 12 000 元支付前欠东方公司货款。汇入地点：中国工商银行南通分行；账号：2596872135。填制电汇凭证，见表 2-10。

表 2-10　电汇凭证（回单）

委托日期　　年　　月　　日

汇款人	全称		收款人	全称											
	账号			账号											
	开户行			开户行											
金额	人民币（大写）					千	百	十	万	千	百	十	元	角	分
汇款用途： 上款已根据委托办理，如查询，请持回单面洽。			汇出行盖章 年　月　日												

（12）26 日，委托银行向海通公司收取货款 25 000 元。该公司开户行：中国

农业银行南通分行；账号：2596523156。已到银行办妥委托收款手续，填制委托收款凭证，见表2-11。

表2-11　委托收款凭证（回单）

委邮　　　委托日期　　年　　月　　日　　　委托号码

汇款人	全称		收款人	全称	
	账号			账号	
	开户行			开户行	
金额	人民币（大写）				千 百 十 万 千 百 十 元 角 分
内容		委托收款凭证名称		附寄单证张数	
备注：		款项收托日期 年　月　日		收款人开户银行盖章 年　月　日	

（13）27日，从政和公司购入A材料2000kg，单价5元，增值税税率为17%，签发一张为期3个月的银行承兑汇票（销货单位地址：工农路10号；纳税人登记号：456427777778；开户银行及账号：中国工商银行589256398）。填制增值税专用发票和银行承兑汇票，见表2-12和表2-13。

表2-12　增值税专用发票

开票日期：　　年　月　日　　　　NO. 00328561

购货单位	名　称			纳税人登记号		
	地址、电话			开户银行及账号		
货物或应税劳务名　称	计量单位	数量	单价	金　额 百 十 万 千 百 十 元 角 分	税率（%）	金　额 百 十 万 千 百 十 元 角 分
合　计						
价税合计（大写）	仟　佰　拾　万　仟　佰　拾　元　角　分　¥					
销货单位	名　称			纳税人登记号		
	地址、电话			开户银行及账号		

第二联：购货方记账

开票单位（未盖章无效）

（14）27日，向银行提交“银行汇票申请书”，办理银行汇票100 000元，用于从华星公司购买材料。华星公司开户行：中国银行南通分行；账号：5682312546。填制银行汇票申请书，见表2-14。

表 2-13　银行承兑汇票

签发日期　　　年　　月　　日

承兑申请人	全称		收款人	全称	
	账号			账号	
	开户行			开户行	
金额	人民币（大写）				千 百 十 万 千 百 十 元 角 分
汇票到期日　　年　月　日			承兑协议编号		
备注：					

表 2-14　中国银行汇票申请书

申请日期　　　年　　月　　日

申请人		收款人	
账　号		账　号	
用　途		代理付款行	
汇票金额（大写）			千 百 十 万 千 百 十 元 角 分
备注：		科　目＿＿＿＿ 对方科目＿＿＿＿ 会计主管　　复核　　经办	

（15）28 日，收取职工徐进交来的罚款 100 元。填制收据，见表 2-15。

表 2-15　收据

年　　月　　日　　　　NO. 5897236

今收到＿＿＿＿＿＿＿＿＿＿
交　来＿＿＿＿＿＿＿＿＿＿
人民币（大写）＿＿＿＿＿＿＿＿ ¥＿＿＿＿
收款人＿＿＿＿　　交款人＿＿＿＿

实训三　填制和审核记账凭证

一、实训目的

记账凭证是根据原始凭证编制的，是登记账簿的依据，是会计处理的基础。通过实训，使学生熟悉记账凭证的种类、基本内容，掌握收款凭证、付款凭证和转账凭证以及通用记账凭证的填制方法及审核内容。

二、实训指导

（1）根据审核无误的原始凭证填制。

（2）逐项填写记账凭证的各项内容，填写齐全，不得遗漏。

（3）摘要栏简明扼要，防止简而不明或过于烦琐。

（4）按照统一规定的会计科目，根据经济业务内容正确编制会计分录。

（5）必须连续编号，使用专用凭证时分类顺序编号，使用通用凭证时统一编号。

（6）填制完经济业务后，如有空行，应当自金额栏最后一笔金额数字下的空行处至合计数上的空行处画线注销。

三、实训资料

（1）资料1：海通公司2016年1月发生下列经济业务。

1）10日，销售商品给红星公司，数量100件，售价250元/件，增值税税率为17%，开出增值税发票，收到银行转来进账单收账通知。增值税专用发票和银行进账单见表3-1和表3-2。

2）12日，从长沙公司购进材料一批，材料已入库。其中：A材料100kg，单价10元，计1 000元；B材料300kg，单价20元，计6 000元，增值税税率为17%，已开出转账支票支付以上款项。增值税专用发票见表3-3，转账支票存根如图3-1所示。

3）18日，开出转账支票一张，偿还应付长城公司货款8 500元。转账支票存根如图3-2所示。

4）22日，仓库发出下列材料用于生产，其中：A材料200kg，单价10元，计2 000元；B材料100kg，单价20元，计2 000元。材料领用汇总表见表3-4。

表 3-1　增值税专用发票

开票日期：　2016 年 1 月 10 日　　　　　　　　NO. 00325862

购货单位			
名　称	红星公司	纳税人登记号	25632512647
地址、电话		开户银行及账号	工行　2569872134

货物或应税劳务名称	计量单位	数量	单价	金额									税率(%)	金额								
				百	十	万	千	百	十	元	角	分		百	十	万	千	百	十	元	角	分
甲产品	件	100	250			2	5	0	0	0	0	0	17				4	2	5	0	0	0
合　计					¥	2	5	0	0	0	0	0				¥	4	2	5	0	0	0

价税合计（大写）	人民币⊗仟⊗佰⊗拾贰万玖仟贰佰伍拾零元零角零分　¥ 29 250. 00		
销货单位　名　称	海通公司	纳税人登记号	25627832123
销货单位　地址、电话		开户银行及账号	中国银行 5695231452
备注			

第四联：销货方记账

开票单位（未盖章无效）

表 3-2　银行进账单

2016 年 1 月 10 日

收款人	全称	海通公司											
	账号	5695231452	开户银行					中国银行					
人民币（大写）	贰万玖仟贰佰伍拾元整		万	千	百	十	万	千	百	十	元	角	分
						¥	2	9	2	5	0	0	0
付款人名称	付款人开户行及账号	票据号码											
红星公司	工行 2569872134		对方科目										
备注			复核						记账				

表 3-3　增值税专用发票

开票日期：　2016 年 1 月 12 日　　　　　　　　NO. 00335607

购货单位			
名　称	海通公司	纳税人登记号	25627832123
地址、电话		开户银行及账号	中国银行 5695231452

货物或应税劳务名称	计量单位	数量	单价	金额									税率(%)	金额								
				百	十	万	千	百	十	元	角	分		百	十	万	千	百	十	元	角	分
A 材料	公斤	100	10				1	0	0	0	0	0	17					1	7	0	0	0
B 材料	公斤	300	20				6	0	0	0	0	0	17				1	0	2	0	0	0
合　计						¥	7	0	0	0	0	0				¥	1	1	9	0	0	0

价税合计（大写）	人民币⊗仟⊗佰⊗拾⊗万捌仟壹佰玖拾零元零角零分　¥ 8 190. 00		
销货单位　名　称	长沙公司	纳税人登记号	25627834560
销货单位　地址、电话		开户银行及账号	中国银行 5695231567
备注			

第二联：购货方记账

开票单位（未盖章无效）

中国银行转账支票存根
IV V931059
科　　目：________
对方科目：________
出票日期 2016 年 1 月 12 日
收款人：长沙公司
金　额：8 190.00
用　途：购买材料
单位主管　　会计　张红

图 3-1　转账支票存根

中国银行转账支票存根
IV V931060
科　　目：________
对方科目：________
出票日期 2016 年 1 月 18 日
收款人：长城公司
金　额：8 500.00
用　途：偿还材料款
单位主管　　会计　张红

图 3-2　转账支票存根

表 3-4　材料领用汇总表

2016 年 1 月 22 日

项目	A 材料		B 材料		合计金额/元
	数量/kg	金额/元	数量/kg	金额/元	
生产甲产品	150	1 500			1 500
生产乙产品	50	500	100	2 000	2 500
合计	200	2 000	100	2 000	4 000

5）28 日，采购员王刚借差旅费 1 800 元，以现金支付。借款单见表 3-5。

表 3-5　借款单

2016 年 1 月 28 日

部　门	供应科		借款事由	采购材料	
借款金额	金额（大写）人民币壹仟捌佰元整			￥1 800.00	
批准金额	金额（大写）人民币壹仟捌佰元整			￥1 800.00	
领　导	李卫东	财务主管	黄海波	借款人	王刚

要求：按照记账凭证填制要求，填制收款凭证、付款凭证和转账凭证，见表 3-6~表 3-10。

（2）资料 2：东方公司 2016 年 4 月发生下列业务。

1）以银行存款支付生产部门电费 1 500 元。转账支票存根如图 3-3 所示，电费发票见表 3-11。

2）开出银行转账支票一张，支付前欠供应单位货款 20 000 元。银行转账支票存根如图 3-4 所示。

表 3-6　收款凭证

应借科目：　　　　　　　　年　　月　　日　　　　　　编号

摘　要	应贷科目		记账	金　额									
	一级科目	二级科目或明细科目		千	百	十	万	千	百	十	元	角	分
合　计													

附件　　张

会计主管：　　记账：　　出纳：　　复核：　　制单：

表 3-7　付款凭证（1）

应贷科目：　　　　　　　　年　　月　　日　　　　　　编号

摘　要	应借科目		记账	金　额									
	一级科目	二级科目或明细科目		千	百	十	万	千	百	十	元	角	分
合　计													

附件　　张

会计主管：　　记账：　　出纳：　　复核：　　制单：

表 3-8　付款凭证（2）

应贷科目：　　　　　　　　年　　月　　日　　　　　　编号

摘　要	应借科目		记账	金　额									
	一级科目	二级科目或明细科目		千	百	十	万	千	百	十	元	角	分
合　计													

附件　　张

会计主管：　　记账：　　出纳：　　复核：　　制单：

表 3-9　转账凭证

年　　月　　日　　　　　　　　　　编号

摘　要	一级科目	二级科目 或明细科目	记　账	借方金额										贷方金额									
				千	百	十	万	千	百	十	元	角	分	千	百	十	万	千	百	十	元	角	分
合　计																							

附件　　张

会计主管：　　　复核：　　　记账：　　　出纳：　　　制表：

表 3-10　付款凭证（3）

应贷科目：　　　　年　　月　　日　　　　　　　　编号

摘　要	应借科目		记　账	金　额									
	一级科目	二级科目 或明细科目		千	百	十	万	千	百	十	元	角	分
合　计													

附件　　张

会计主管：　　　记账：　　　出纳：　　　复核：　　　制单：

表 3-11　供电局电费发票

2016 年 4 月 8 日　　　　NO. 0124502

户名	东方公司			户号	4236058	
地址	市人民东路			项目	单价	金额（元）
起数	止数	倍率	抄见电量（kW · h）	电费		
	（略）					
合计金额（大写）人民币壹仟伍佰元正				合计		¥1 500. 00

电费收讫专用章　　　　托收号 00165

中国工商银行转账支票存根
IV 586321
科　　目：________
对方科目：________
出票日期 2016 年 4 月 8 日

收款人：	供电局
金　额：	1 500. 00
用　途：	电费

单位主管　　会计　王丽

图 3-3　转账支票存根

中国工商银行转账支票存根
IV 586322
科　　目：________
对方科目：________
出票日期 2016 年 4 月 15 日

收款人：	红星工厂
金　额：	20 000. 00
用　途：	材料款

单位主管　　会计　王丽

图 3-4　转账支票存根

3）行政部门修理领用材料 1 500 元。领料单见表 3-12。

表 3-12　领料单

领料部门　行政部门　　2016 年 4 月 18 日　　字第　0401　号

材料			单位	数量		成本								材料账页
							总价							
编号	名称	规格		请领	实发	单价	万	千	百	十	元	角	分	
01001	甲材料		千克	100	100	15		1	5	0	0	0	0	
合计							¥	1	5	0	0	0	0	

主管：　会计：　记账：　保管：李云海　发料：李云海　领料：张兴

4）分配职工工资 50 000 元，其中，生产人员工资 40 000 元，车间管理人员工资 4 000 元，公司管理人员工资 6 000 元。工资分配计算表见表 3-13。

表 3-13 工资分配计算表

2016 年 4 月 25 日

科 目	批次\产品	金 额
生产成本	0401006(101)	40 000.00
制造费用		4 000.00
管理费用		6 000.00
合 计		50 000.00

5）销售 A 产品 300 件，收到货款 18 000 元和增值税款 3 060 元存入银行。增值税专用发票和银行进账单见表 3-14 和表 3-15。

表 3-14 增值税专用发票

开票日期：　　2016 年 4 月 26 日　　　　NO. 00235865

购货单位	名 称	海通公司	纳税人登记号	25627832123
	地址、电话		开户银行及账号	中国银行 5695231452

货物或应税劳务名称	计量单位	数量	单价	金额 百	十	万	千	百	十	元	角	分	税率(%)	金额 百	十	万	千	百	十	元	角	分
A 产品	件	300	60			1	8	0	0	0	0	0	17				3	0	6	0	0	0
合 计					¥	1	8	0	0	0	0	0				¥	3	0	6	0	0	0

价税合计（大写）	人民币⊗仟⊗佰⊗拾贰万壹仟零佰陆拾零元零角零分　¥21 060.00			
销货单位	名 称	东方公司	纳税人登记号	25627834587
	地址、电话		开户银行及账号	中国工商银行 5695231582
备注				

第四联：销货方记账

开票单位（未盖章无效）

表 3-15 银行进账单

2016 年 4 月 26 日

收款人	全称	东方公司		
	账号	5695231582	开户银行	中国工商银行

人民币（大写）	万	千	百	十	万	千	百	十	元	角	分
贰万壹仟零佰陆拾零元零角零分				¥	2	1	0	6	0	0	0

付款人名称	付款人开户行及账号	票据号码	
海通公司	中国银行 5695231452		对方科目
备注			复核　　记账

6）所购材料 100kg，计 10 000 元，已到达并验收入库。入库单见表 3-16。

表 3-16　入库单

供货单位：新华工厂　　　　　　　　　　　　　　　　凭证编号：070415
发票编号：00322589　　　　2016 年 4 月 28 日　　　　收料仓库：材料库

材料类别	材料编号	材料名称	规格	计量单位	数量		金额									附注
					应收	实收	单价	总价								
								十	万	千	百	十	元	角	分	
原材料	J051	甲材料		公斤	100	100	100		1	0	0	0	0	0	0	
合计								¥	1	0	0	0	0	0	0	

会计主管：　记账：　仓库主管：王小波　保管：黄云龙　验收：黄云龙　采购：张林

7）计提固定资产折旧费 5 000 元，其中生产部门 3 500 元，行政部门 1 500 元。折旧计算表见表 3-17。

表 3-17　固定资产折旧计算表

2016 年 4 月

固定资产类别	上月计提		上月增加		上月减少		本月计提	
	原价	折旧	原价	折旧	原价	折旧	原价	折旧
生产部门用								3 500.00
管理部门用		略						1 500.00
合计								5 000.00

8）1000 件 A 产品完工入库，实际成本 50 000 元。产品入库单见表 3-18。

表 3-18　产品入库单

2016 年 4 月 29 日

类别	编号	名称	规格	单位	数量		价格									附注
					应收	实收	单价	总价								
								十	万	千	百	十	元	角	分	
产成品	1001	A 产品		件	1000	1000	50		5	0	0	0	0	0	0	
合计								¥	5	0	0	0	0	0	0	

会计主管：　　　　　　　仓库主管：王强　　　保管：张京　　　验收：张京

要求：按照记账凭证填制要求，根据以上业务情况填制通用记账凭证，见表 3-19~表 3-26。

表 3-19　记账凭证（1）

年　　月　　日　　　　　　　　　　编号

摘　要	一级科目	二级科目 或明细科目	记　账	借方金额										贷方金额									
				千	百	十	万	千	百	十	元	角	分	千	百	十	万	千	百	十	元	角	分
合　计																							

附件　　张

会计主管：　　　　复核：　　　　记账：　　　　出纳：　　　　制单：

表 3-20　记账凭证（2）

年　　月　　日　　　　　　　　　　编号

摘　要	一级科目	二级科目 或明细科目	记　账	借方金额										贷方金额									
				千	百	十	万	千	百	十	元	角	分	千	百	十	万	千	百	十	元	角	分
合　计																							

附件　　张

会计主管：　　　　复核：　　　　记账：　　　　出纳：　　　　制单：

表 3-21 记账凭证（3）

年 月 日 编号

摘要	一级科目	二级科目或明细科目	记账	借方金额										贷方金额									
				千	百	十	万	千	百	十	元	角	分	千	百	十	万	千	百	十	元	角	分
合计																							

附件 张

会计主管： 复核： 记账： 出纳： 制单：

表 3-22 记账凭证（4）

年 月 日 编号

摘要	一级科目	二级科目或明细科目	记账	借方金额										贷方金额									
				千	百	十	万	千	百	十	元	角	分	千	百	十	万	千	百	十	元	角	分
合计																							

附件 张

会计主管： 复核： 记账： 出纳： 制单：

表 3-23　记账凭证（5）

年　　月　　日　　　　　　　　　　　　　　编号

摘　要	一级科目	二级科目或明细科目	记　账	借方金额										贷方金额									
				千	百	十	万	千	百	十	元	角	分	千	百	十	万	千	百	十	元	角	分
合　计																							

附件　　张

会计主管：　　　　复核：　　　　记账：　　　　出纳：　　　　制单：

表 3-24　记账凭证（6）

年　　月　　日　　　　　　　　　　　　　　编号

摘　要	一级科目	二级科目或明细科目	记　账	借方金额										贷方金额									
				千	百	十	万	千	百	十	元	角	分	千	百	十	万	千	百	十	元	角	分
合　计																							

附件　　张

会计主管：　　　　复核：　　　　记账：　　　　出纳：　　　　制单：

表 3-25　记账凭证（7）

年　月　日　　　　　　　　　　　　编号

摘　要	一级科目	二级科目 或明细科目	记　账	借方金额										贷方金额									
				千	百	十	万	千	百	十	元	角	分	千	百	十	万	千	百	十	元	角	分
合　计																							

附件　　张

会计主管：　　复核：　　记账：　　出纳：　　制单：

表 3-26　记账凭证（8）

年　月　日　　　　　　　　　　　　编号

摘　要	一级科目	二级科目 或明细科目	记　账	借方金额										贷方金额									
				千	百	十	万	千	百	十	元	角	分	千	百	十	万	千	百	十	元	角	分
合　计																							

附件　　张

会计主管：　　复核：　　记账：　　出纳：　　制单：

实训四　设置和登记会计账簿

一、实训目的

会计账簿是以会计凭证为依据，对全部经济业务进行全面、系统、连续、分类地记录和核算的簿籍。合理地设置和登记账簿，能系统地记录和提供单位经济活动的各种数据，为编制财务会计报告提供依据，是会计信息处理的关键。通过实训，使学生掌握日记账、明细账和总账的设置、登记及结账的方法。

二、实训指导

（1）根据审核无误的记账凭证及时登记各种账簿。登记账簿时，应将会计凭证的日期、编号、摘要等逐项登记入账。

（2）账簿登记完毕，应在“过账”栏内标记“√”符号，表示已登记入账，并在记账凭证上签名或盖章。

（3）必须用蓝黑墨水或碳素墨水的笔书写，不得使用铅笔或圆珠笔登账，红色墨水只能在结账画线、改错和冲账时使用。

（4）必须逐页、逐行顺序连续登记，不得隔页、跳行，如不慎发生此种情况，应在空页或空行处用红色墨水对角线画线注销，并注明“此页空白”或“此行空白”字样。

（5）账簿记录发生错误时，不得刮、擦、挖补，随意涂改或用褪色药水更改字迹，应根据错误的情况，按规定的方法进行更正。

（6）“摘要”栏内的说明应简明扼要，文字要规范，“金额”栏内数字应与账页上标明的位数对准，各账户结出余额后，应在“借或贷”栏内写明“借”或“贷”。没有余额的账户在“借或贷”栏内写“平”字，在余额栏内写“0”。

（7）月度结账时，在各账户的最后一笔数字下，结出本月借、贷方发生额和期末余额，在摘要栏注明“本月发生额及期末余额”字样，并在数字的上、下端各画一根红线。

三、实训资料

（1）光明公司2016年9月有关总账账户的期初余额见表4-1。

表 4-1　总账账户期初余额

单位：元

账户名称	借方余额	账户名称	贷方余额
库存现金	1 000	短期借款	10 000
银行存款	66 000	应付账款	2 000
库存商品	15 000	应交税费	6 600
应收账款	12 000	应付利润	2 400
应收票据	4 000	累计折旧	45 000
在途物资	5 000	实收资本	500 000
原材料	22 000	盈余公积	40 000
固定资产	620 000	本年利润	85 500
生产成本	31 500	利润分配	85 000
合　计	776 500	合　计	776 500

（2）部分明细账账户期初余额如下。

“原材料”账户：A 材料 100kg，单价 140 元，成本 14 000 元。

B 材料 80kg，单价 100 元，成本 8 000 元。

“应收账款”账户：九江公司 2 000 元，光华公司 10 000 元。

“应付账款”账户：南海公司 1 200 元，东方公司 800 元。

“生产成本——甲产品”账户：直接材料 28 000 元，直接人工 2 000 元，制造费用 1 500 元。

（3）本月发生经济业务如下（原始凭证略）。

1）2 日，采购员李小波预借差旅费 500 元，以现金付讫。

2）2 日，向东方公司购入一批材料，增值税专用发票所列：A 材料 200kg，单价 140 元；B 材料 60kg，单价 100 元，合计买价 34 000 元，进项税额 5 780 元。款项未付，材料未收。

3）3 日，向九江公司销售甲产品一批，售价 50 000 元，增值税款 8 500 元，款项收到并存入银行。

4）3 日，以银行存款支付前欠南海公司货款 1 200 元，东方公司货款 800 元。

5）4 日，以银行存款偿还本月到期的短期借款 10 000 元。

6）4 日，2 日购入的 A、B 材料验收入库。

7）5 日，生产车间领用 A 材料 260kg、B 材料 120kg，用于甲产品生产，A 材料单价 140 元，B 材料单价 100 元。

8）5 日，收到光华公司前欠货款 10 000 元，存入银行。

9）6 日，用现金 380 元购买办公用品，车间领用 200 元，行政管理部门领用 180 元。

10）9 日，开出转账支票偿还前欠东方公司款项 39 780 元。

11）12 日，采购员李小波报销差旅费 450 元，同时退回余款 50 元。

12）14 日，向南海公司购入材料，增值税专用发票所列 A 材料 300kg，单价 140 元；B 材料 200kg，单价 100 元，进项税额 10 540 元。货未到，款未付。

13）16 日，上述材料验收入库。

14）25 日，从银行提取现金 50 000 元，备发工资。

15）25 日，以现金发放工资 50 000 元。

16）30 日，编制工资单，计应付职工薪酬总额 50 000 元，其中，生产甲产品工人工资 40 000 元，车间管理人员工资 4 000 元，企业管理人员工资 6 000 元。

17）30 日，按工资总额的 14%计提职工福利费。

18）30 日，计提本月生产车间固定资产折旧 4 000 元。

19）30 日，将本月制造费用 8 760 元转账。

20）30 日，结转完工的甲产品成本 134 260 元，其中，直接材料费 76 400 元，直接人工费 47 600 元，制造费用 10 260 元。

（4）要求。

1）根据以上经济业务情况，编制记账凭证，见表 4-2～表 4-21。

2）开设“库存现金日记账”和“银行存款日记账”，并根据上述业务中的收、付款经济业务登记“现金日记账”和“银行存款日记账”，见表 4-22 和表 4-23。

3）开设并登记三栏式“应收账款明细账”，见表 4-24 和表 4-25。

4）开设并登记三栏式“应付账款明细账”，见表 4-26 和表 4-27。

5）开设并登记数量金额式“原材料明细账”，见表 4-28 和表 4-29。

6）开设并登记甲产品的多栏式“生产成本明细账”，见表 4-30。

7）开设并登记平行式“在途物资明细账”，见表 4-31 和表 4-32。

8）开设总账，并直接根据记账凭证登记总账，见表 4-33～表 4-55。

表 4-2 记账凭证（1）

年 月 日 编号

摘要	一级科目	二级科目 或明细科目	记账	借方金额										贷方金额									
				千	百	十	万	千	百	十	元	角	分	千	百	十	万	千	百	十	元	角	分
合计																							

附件 张

会计主管： 复核： 记账： 出纳： 制单：

表 4-3 记账凭证（2）

年 月 日 编号

摘要	一级科目	二级科目 或明细科目	记账	借方金额										贷方金额									
				千	百	十	万	千	百	十	元	角	分	千	百	十	万	千	百	十	元	角	分
合计																							

附件 张

会计主管： 复核： 记账： 出纳： 制单：

表 4-4　记账凭证（3）

年　　月　　日　　　　　　　　　　　　编号

摘　要	一级科目	二级科目或明细科目	记　账	借方金额										贷方金额									
				千	百	十	万	千	百	十	元	角	分	千	百	十	万	千	百	十	元	角	分
合　计																							

附件　　张

会计主管：　　　　复核：　　　　记账：　　　　出纳：　　　　制单：

表 4-5　记账凭证（4）

年　　月　　日　　　　　　　　　　　　编号

摘　要	一级科目	二级科目或明细科目	记　账	借方金额										贷方金额									
				千	百	十	万	千	百	十	元	角	分	千	百	十	万	千	百	十	元	角	分
合　计																							

附件　　张

会计主管：　　　　复核：　　　　记账：　　　　出纳：　　　　制单：

表 4-6　记账凭证（5）

年　　月　　日　　　　　　　　　　　　编号

摘　要	一级科目	二级科目或明细科目	记　账	借方金额										贷方金额									
				千	百	十	万	千	百	十	元	角	分	千	百	十	万	千	百	十	元	角	分
合　计																							

附件　　张

会计主管：　　　　复核：　　　　记账：　　　　出纳：　　　　制单：

表 4-7　记账凭证（6）

年　　月　　日　　　　　　　　　　　　编号

摘　要	一级科目	二级科目或明细科目	记　账	借方金额										贷方金额									
				千	百	十	万	千	百	十	元	角	分	千	百	十	万	千	百	十	元	角	分
合　计																							

附件　　张

会计主管：　　　　复核：　　　　记账：　　　　出纳：　　　　制单：

表 4-8　记账凭证（7）

年　　月　　日　　　　　　　　　　编号

摘　要	一级科目	二级科目 或明细科目	记　账	借方金额										贷方金额									
				千	百	十	万	千	百	十	元	角	分	千	百	十	万	千	百	十	元	角	分
合　计																							

附件　　张

会计主管：　　　复核：　　　记账：　　　出纳：　　　制单：

表 4-9　记账凭证（8）

年　　月　　日　　　　　　　　　　编号

摘　要	一级科目	二级科目 或明细科目	记　账	借方金额										贷方金额									
				千	百	十	万	千	百	十	元	角	分	千	百	十	万	千	百	十	元	角	分
合　计																							

附件　　张

会计主管：　　　复核：　　　记账：　　　出纳：　　　制单：

表 4-10 记账凭证（9）

年 月 日 编号

摘要	一级科目	二级科目 或明细科目	记账	借方金额										贷方金额									
				千	百	十	万	千	百	十	元	角	分	千	百	十	万	千	百	十	元	角	分
合计																							

附件 张

会计主管： 复核： 记账： 出纳： 制单：

表 4-11 记账凭证（10）

年 月 日 编号

摘要	一级科目	二级科目 或明细科目	记账	借方金额										贷方金额									
				千	百	十	万	千	百	十	元	角	分	千	百	十	万	千	百	十	元	角	分
合计																							

附件 张

会计主管： 复核： 记账： 出纳： 制单：

表 4-12 记账凭证（11）

年 月 日 编号

摘 要	一级科目	二级科目或明细科目	记 账	借方金额										贷方金额									
				千	百	十	万	千	百	十	元	角	分	千	百	十	万	千	百	十	元	角	分
合 计																							

附件 张

会计主管： 复核： 记账： 出纳： 制单：

表 4-13 记账凭证（12）

年 月 日 编号

摘 要	一级科目	二级科目或明细科目	记 账	借方金额										贷方金额									
				千	百	十	万	千	百	十	元	角	分	千	百	十	万	千	百	十	元	角	分
合 计																							

附件 张

会计主管： 复核： 记账： 出纳： 制单：

表 4-14　记账凭证（13）

年　　月　　日　　　　编号

摘　要	一级科目	二级科目或明细科目	记　账	借方金额										贷方金额									
				千	百	十	万	千	百	十	元	角	分	千	百	十	万	千	百	十	元	角	分
合　计																							

附件　　张

会计主管：　　复核：　　记账：　　出纳：　　制单：

表 4-15　记账凭证（14）

年　　月　　日　　　　编号

摘　要	一级科目	二级科目或明细科目	记　账	借方金额										贷方金额									
				千	百	十	万	千	百	十	元	角	分	千	百	十	万	千	百	十	元	角	分
合　计																							

附件　　张

会计主管：　　复核：　　记账：　　出纳：　　制单：

表 4-16 记账凭证（15）

年 月 日 编号

摘要	一级科目	二级科目或明细科目	记账	借方金额										贷方金额									
				千	百	十	万	千	百	十	元	角	分	千	百	十	万	千	百	十	元	角	分
合计																							

附件 张

会计主管： 复核： 记账： 出纳： 制单：

表 4-17 记账凭证（16）

年 月 日 编号

摘要	一级科目	二级科目或明细科目	记账	借方金额										贷方金额									
				千	百	十	万	千	百	十	元	角	分	千	百	十	万	千	百	十	元	角	分
合计																							

附件 张

会计主管： 复核： 记账： 出纳： 制单：

表 4-18 记账凭证（17）

年 月 日　　　　编号

摘要	一级科目	二级科目或明细科目	记账	借方金额										贷方金额									
				千	百	十	万	千	百	十	元	角	分	千	百	十	万	千	百	十	元	角	分
合计																							

附件　　张

会计主管：　　复核：　　记账：　　出纳：　　制单：

表 4-19 记账凭证（18）

年 月 日　　　　编号

摘要	一级科目	二级科目或明细科目	记账	借方金额										贷方金额									
				千	百	十	万	千	百	十	元	角	分	千	百	十	万	千	百	十	元	角	分
合计																							

附件　　张

会计主管：　　复核：　　记账：　　出纳：　　制单：

表 4-20　记账凭证（19）

年　月　日　　　　编号

摘要	一级科目	二级科目或明细科目	记账	借方金额										贷方金额									
				千	百	十	万	千	百	十	元	角	分	千	百	十	万	千	百	十	元	角	分
合计																							

附件　张

会计主管：　复核：　记账：　出纳：　制单：

表 4-21　记账凭证（20）

年　月　日　　　　编号

摘要	一级科目	二级科目或明细科目	记账	借方金额										贷方金额									
				千	百	十	万	千	百	十	元	角	分	千	百	十	万	千	百	十	元	角	分
合计																							

附件　张

会计主管：　复核：　记账：　出纳：　制单：

表 4-22　库存现金日记账

年		凭证		摘　要	对方科目	借　方								贷　方								借或贷	余　额							
月	日	种类	号数			十	万	千	百	十	元	角	分	十	万	千	百	十	元	角	分		十	万	千	百	十	元	角	分

表 4-23　银行存款日记账

年		凭证		摘　要	对方科目	借　方								贷　方								借或贷	余　额							
月	日	种类	号数			十	万	千	百	十	元	角	分	十	万	千	百	十	元	角	分		十	万	千	百	十	元	角	分

表 4-24　应收账款明细账（1）

二级明细科目：

三级明细科目：

年		凭证		摘要	对方科目	借方								贷方								借或贷	余额							
月	日	种类	号数			十	万	千	百	十	元	角	分	十	万	千	百	十	元	角	分		十	万	千	百	十	元	角	分

表 4-25　应收账款明细账（2）

二级明细科目：

三级明细科目：

年		凭证		摘要	对方科目	借方								贷方								借或贷	余额							
月	日	种类	号数			十	万	千	百	十	元	角	分	十	万	千	百	十	元	角	分		十	万	千	百	十	元	角	分

表 4-26　应付账款明细账（1）

二级明细科目：

三级明细科目：

年		凭证		摘要	对方科目	借方								贷方								借或贷	余额							
月	日	种类	号数			十	万	千	百	十	元	角	分	十	万	千	百	十	元	角	分		十	万	千	百	十	元	角	分

表 4-27　应付账款明细账（2）

二级明细科目：

三级明细科目：

年		凭证		摘要	对方科目	借方								贷方								借或贷	余额							
月	日	种类	号数			十	万	千	百	十	元	角	分	十	万	千	百	十	元	角	分		十	万	千	百	十	元	角	分

表 4-28 原材料明细账（1）

类别______ 编号______ 规格______ 单位______ 最高存量__________ 最低存量__________ 存储地点__________

年		凭证		摘要	收入										发出										结存									
月	日	种类	号数		数量	单价	金额								数量	单价	金额								数量	单价	金额							
							十	万	千	百	十	元	角	分			十	万	千	百	十	元	角	分			十	万	千	百	十	元	角	分

表 4-29 原材料明细账（2）

类别______ 编号______ 规格______ 单位______ 最高存量__________ 最低存量__________ 存储地点__________

年		凭证		摘要	收入										发出										结存									
月	日	种类	号数		数量	单价	金额								数量	单价	金额								数量	单价	金额							
							十	万	千	百	十	元	角	分			十	万	千	百	十	元	角	分			十	万	千	百	十	元	角	分

表 4-30 生产成本明细账

产品种类：

年		凭证		摘要	借方																								合计							
月	日	种类	号数		直接材料								直接人工								制造费用															
					十	万	千	百	十	元	角	分	十	万	千	百	十	元	角	分	十	万	千	百	十	元	角	分	十	万	千	百	十	元	角	分

表 4-31 在途物资明细账（1）

材料名称或类别：

年		凭证号	摘要	借方金额																								贷方金额								结余金额							
月	日			买价								采购费用								合计																							
				十	万	千	百	十	元	角	分	十	万	千	百	十	元	角	分	十	万	千	百	十	元	角	分	十	万	千	百	十	元	角	分	十	万	千	百	十	元	角	分

表 4-32 在途物资明细账（2）

材料名称或类别：

年		凭证号	摘要	借方金额																								贷方金额								结余金额							
月	日			买价								采购费用								合计																							
				十	万	千	百	十	元	角	分	十	万	千	百	十	元	角	分	十	万	千	百	十	元	角	分	十	万	千	百	十	元	角	分	十	万	千	百	十	元	角	分

表 4-33 库存现金总账

年		凭证		摘要	对方科目	借方								贷方								借或贷	余额							
月	日	种类	号数			十	万	千	百	十	元	角	分	十	万	千	百	十	元	角	分		十	万	千	百	十	元	角	分

表 4-34　银行存款总账

年		凭证		摘要	对方科目	借方								贷方								借或贷	余额							
月	日	种类	号数			十	万	千	百	十	元	角	分	十	万	千	百	十	元	角	分		十	万	千	百	十	元	角	分

表 4-35　应收账款总账

年		凭证		摘要	对方科目	借方								贷方								借或贷	余额							
月	日	种类	号数			十	万	千	百	十	元	角	分	十	万	千	百	十	元	角	分		十	万	千	百	十	元	角	分

表 4-36 应收票据总账

年		凭证		摘要	对方科目	借方								贷方								借或贷	余额							
月	日	种类	号数			十	万	千	百	十	元	角	分	十	万	千	百	十	元	角	分		十	万	千	百	十	元	角	分

表 4-37 其他应收款总账

年		凭证		摘要	对方科目	借方								贷方								借或贷	余额							
月	日	种类	号数			十	万	千	百	十	元	角	分	十	万	千	百	十	元	角	分		十	万	千	百	十	元	角	分

表 4-38　在途物资总账

年		凭证		摘要	对方科目	借方								贷方								借或贷	余额							
月	日	种类	号数			十	万	千	百	十	元	角	分	十	万	千	百	十	元	角	分		十	万	千	百	十	元	角	分

表 4-39　原材料总账

年		凭证		摘要	对方科目	借方								贷方								借或贷	余额							
月	日	种类	号数			十	万	千	百	十	元	角	分	十	万	千	百	十	元	角	分		十	万	千	百	十	元	角	分

表 4-40 库存商品总账

年		凭证		摘要	对方科目	借方								贷方								借或贷	余额							
月	日	种类	号数			十	万	千	百	十	元	角	分	十	万	千	百	十	元	角	分		十	万	千	百	十	元	角	分

表 4-41 固定资产总账

年		凭证		摘要	对方科目	借方								贷方								借或贷	余额							
月	日	种类	号数			十	万	千	百	十	元	角	分	十	万	千	百	十	元	角	分		十	万	千	百	十	元	角	分

表 4-42 累计折旧总账

年		凭证		摘要	对方科目	借方								贷方								借或贷	余额							
月	日	种类	号数			十	万	千	百	十	元	角	分	十	万	千	百	十	元	角	分		十	万	千	百	十	元	角	分

表 4-43 生产成本总账

年		凭证		摘要	对方科目	借方								贷方								借或贷	余额							
月	日	种类	号数			十	万	千	百	十	元	角	分	十	万	千	百	十	元	角	分		十	万	千	百	十	元	角	分

表 4-44　制造费用总账

年		凭证		摘　要	对方科目	借　方								贷　方								借或贷	余　额							
月	日	种类	号数			十	万	千	百	十	元	角	分	十	万	千	百	十	元	角	分		十	万	千	百	十	元	角	分

表 4-45　短期借款总账

年		凭证		摘　要	对方科目	借　方								贷　方								借或贷	余　额							
月	日	种类	号数			十	万	千	百	十	元	角	分	十	万	千	百	十	元	角	分		十	万	千	百	十	元	角	分

表 4-46　应付账款总账

年		凭证		摘要	对方科目	借方								贷方								借或贷	余额							
月	日	种类	号数			十	万	千	百	十	元	角	分	十	万	千	百	十	元	角	分		十	万	千	百	十	元	角	分

表 4-47　应付职工薪酬总账

年		凭证		摘要	对方科目	借方								贷方								借或贷	余额							
月	日	种类	号数			十	万	千	百	十	元	角	分	十	万	千	百	十	元	角	分		十	万	千	百	十	元	角	分

表 4-48　应交税费总账

年		凭证		摘要	对方科目	借方								贷方								借或贷	余额							
月	日	种类	号数			十	万	千	百	十	元	角	分	十	万	千	百	十	元	角	分		十	万	千	百	十	元	角	分

表 4-49　应付利润总账

年		凭证		摘要	对方科目	借方								贷方								借或贷	余额							
月	日	种类	号数			十	万	千	百	十	元	角	分	十	万	千	百	十	元	角	分		十	万	千	百	十	元	角	分

表 4-50　实收资本总账

年		凭证		摘　要	对方科目	借　方								贷　方								借或贷	余　额							
月	日	种类	号数			十	万	千	百	十	元	角	分	十	万	千	百	十	元	角	分		十	万	千	百	十	元	角	分

表 4-51　盈余公积总账

年		凭证		摘　要	对方科目	借　方								贷　方								借或贷	余　额							
月	日	种类	号数			十	万	千	百	十	元	角	分	十	万	千	百	十	元	角	分		十	万	千	百	十	元	角	分

表 4-52　本年利润总账

年		凭证		摘要	对方科目	借方								贷方								借或贷	余额							
月	日	种类	号数			十	万	千	百	十	元	角	分	十	万	千	百	十	元	角	分		十	万	千	百	十	元	角	分

表 4-53　利润分配总账

年		凭证		摘要	对方科目	借方								贷方								借或贷	余额							
月	日	种类	号数			十	万	千	百	十	元	角	分	十	万	千	百	十	元	角	分		十	万	千	百	十	元	角	分

表 4-54　主营业务收入总账

年		凭证		摘要	对方科目	借方								贷方								借或贷	余额							
月	日	种类	号数			十	万	千	百	十	元	角	分	十	万	千	百	十	元	角	分		十	万	千	百	十	元	角	分

表 4-55　管理费用总账

年		凭证		摘要	对方科目	借方								贷方								借或贷	余额							
月	日	种类	号数			十	万	千	百	十	元	角	分	十	万	千	百	十	元	角	分		十	万	千	百	十	元	角	分

实训五　查找和更正错账

一、实训目的

账簿记录是编制财务会计报告的依据，账簿记录的正确性是会计信息质量的保证。通过实训，使学生掌握查找错账和更正错账的方法，保证账簿记录正确无误。

二、实训指导

（1）分清错账的具体情况，选择适当的方法予以更正。

（2）如果记账凭证正确，只是账簿记录中文字或数字有错误，应采用画线更正法。更正时，先在错误的文字或数字（整个数字）上画一红线注销，并使原来的字迹仍可辨认，然后在上方空白处用蓝字填上正确的文字或数字，并在更正处盖章。

（3）如果记账凭证上的应记科目或金额发生错误，并已登记入账，应采用红字更正法。更正时，先用红字金额填制一张内容与错误凭证完全相同的记账凭证，并在摘要中写明“更正第×号凭证错误”，并据以用红字金额登记入账，冲销原有的错误记录；然后用蓝字重填一张正确的记账凭证，并登记入账。

（4）如果记账后发现记账凭证中应借、应贷科目正确，只是所记金额大于应记金额，可只填制一张红字金额记账凭证，金额栏中填列多记数额，在摘要栏注明“冲转第×号凭证多记数”，并据以登记入账。

（5）如果记账后发现记账凭证中应借、应贷科目正确，只是所记金额小于应记金额，应采用补充登记法。更正时，只需填制一张蓝字凭证，金额栏中填列少记数额，在摘要栏内注明“补记第×号凭证少记数”，并据以登记入账。

三、实训资料

通达公司 2016 年 12 月 8 日，以转账支票 3 000 元支付宏信广告公司广告费。

所填制的记账凭证和账簿记录假设为以下几种情况，请分别查找出错误，并用正确的方法进行更正。

（1）所填制的记账凭证见表 5-1，相关账簿记录见表 5-2 和表 5-3。

（2）所填制的记账凭证见表 5-4，相关账簿记录见表 5-5 和表 5-6，更正凭证见表 5-7。

（3）所填制的记账凭证见表 5-8，相关账簿记录见表 5-9 和表 5-10，更正凭证见表 5-11。

（4）所填制的记账凭证见表 5-12，相关账簿记录见表 5-13 和表 5-14，更正凭证见表 5-15 和表 5-16，更正使用另一账页见表 5-17。

表 5-1 付款凭证

应贷科目:银行存款　　　　2016 年 12 月 8 日　　　　银付第 15 号

摘　　要	应借科目		记　账	金　额									
	一级科目	二级科目或明细科目		千	百	十	万	千	百	十	元	角	分
支付宏信广告公司广告费	销售费用	广告费	√					3	0	0	0	0	0
合　　计							¥	3	0	0	0	0	0

附件 2 张

会计主管:王力　　记账:张小红　　出纳:张宏伟　　复核:李亚明　　制单:张小红

表 5-2 银行存款总账

2016 年		凭证		摘　　要	对方科目	借　方								贷　方								借或贷	余　额							
月	日	种类	号数			十	万	千	百	十	元	角	分	十	万	千	百	十	元	角	分		十	万	千	百	十	元	角	分
12	1			期初余额																		借	1	2	4	5	0	0	0	0
12	8	付	15	支付广告费	销售费用											3	3	0	0	0	0									

表 5-3 销售费用总账

2016年		凭证		摘要	对方科目	借方								贷方								借或贷	余额							
月	日	种类	号数			十	万	千	百	十	元	角	分	十	万	千	百	十	元	角	分		十	万	千	百	十	元	角	分
12	8	付	15	支付广告费	银行存款			3	3	0	0	0	0																	

表 5-4 付款凭证

应贷科目：银行存款　　2016年12月8日　　银付第15号

摘要	应借科目		记账	金额									
	一级科目	二级科目或明细科目		千	百	十	万	千	百	十	元	角	分
支付宏信广告公司广告费	销售费用	广告费	√				3	0	0	0	0	0	0
合计						¥	3	0	0	0	0	0	0

附件2张

会计主管：王力　　记账：张小红　　出纳：张宏伟　　复核：李亚明　　制单：张小红

表 5-5　银行存款总账

2016年		凭证		摘要	对方科目	借方								贷方								借或贷	余额							
月	日	种类	号数			十	万	千	百	十	元	角	分	十	万	千	百	十	元	角	分		十	万	千	百	十	元	角	分
12	1			期初余额																		借	1	2	4	5	0	0	0	0
12	8	付	15	支付广告费	销售费用										3	0	0	0	0	0	0									

表 5-6　销售费用总账

2016年		凭证		摘要	对方科目	借方								贷方								借或贷	余额							
月	日	种类	号数			十	万	千	百	十	元	角	分	十	万	千	百	十	元	角	分		十	万	千	百	十	元	角	分
12	8	付	15	支付广告费	银行存款		3	0	0	0	0	0	0																	

表 5-7 付款凭证

应贷科目：　　　　　　年　月　日　　　　　　第　号

摘　要	应借科目		记　账	金　额									
	一级科目	二级科目或明细科目		千	百	十	万	千	百	十	元	角	分
合　计													

附件　张

会计主管：　　记账：　　出纳：　　复核：　　制单：

表 5-8 付款凭证

应贷科目：银行存款　　　　2016 年 12 月 8 日　　　　银付第 15 号

摘　要	应借科目		记　账	金　额									
	一级科目	二级科目或明细科目		千	百	十	万	千	百	十	元	角	分
支付宏信广告公司广告费	销售费用	广告费	√						3	0	0	0	0
合　计								¥	3	0	0	0	0

附件 2 张

会计主管：王力　　记账：张小红　　出纳：张宏伟　　复核：李亚明　　制单：张小红

表 5-9 银行存款总账

2016年		凭证		摘要	对方科目	借方								贷方								借或贷	余额							
月	日	种类	号数			十	万	千	百	十	元	角	分	十	万	千	百	十	元	角	分		十	万	千	百	十	元	角	分
12	1			期初余额																		借	1	2	4	5	0	0	0	0
12	8	付	15	支付广告费	销售费用												3	0	0	0	0									

表 5-10 销售费用总账

2016年		凭证		摘要	对方科目	借方								贷方								借或贷	余额							
月	日	种类	号数			十	万	千	百	十	元	角	分	十	万	千	百	十	元	角	分		十	万	千	百	十	元	角	分
12	8	付	15	支付广告费	银行存款				3	0	0	0	0																	

表 5-11　付款凭证

应贷科目：　　　　年　月　日　　　　第　　号

摘　要	应借科目		记　账	金　额									
	一级科目	二级科目或明细科目		千	百	十	万	千	百	十	元	角	分
合　计													

附件　张

会计主管：　　记账：　　出纳：　　复核：　　制单：

表 5-12　付款凭证

应贷科目：银行存款　　2016 年 12 月 8 日　　银付第 15 号

摘　要	应借科目		记　账	金　额									
	一级科目	二级科目或明细科目		千	百	十	万	千	百	十	元	角	分
支付宏信广告公司广告费	财务费用	银行手续费	√					3	0	0	0	0	0
合　计							¥	3	0	0	0	0	0

附件 2 张

会计主管：王力　　记账：张小红　　出纳：张宏伟　　复核：李亚明　　制单：张小红

表 5-13　银行存款总账

2016年		凭证		摘要	对方科目	借方								贷方								借或贷	余额							
月	日	种类	号数			十	万	千	百	十	元	角	分	十	万	千	百	十	元	角	分		十	万	千	百	十	元	角	分
12	1			期初余额																		借	1	2	4	5	0	0	0	0
12	8	付	15	支付广告费	销售费用											3	0	0	0	0	0									

表 5-14　财务费用总账

2016年		凭证		摘要	对方科目	借方								贷方								借或贷	余额							
月	日	种类	号数			十	万	千	百	十	元	角	分	十	万	千	百	十	元	角	分		十	万	千	百	十	元	角	分
12	8	付	15	支付广告费	银行存款			3	0	0	0	0	0									借			3	0	0	0	0	0

表 5-15　付款凭证

应贷科目：　　　　　　年　　月　　日　　　　　　第　　号

摘　要	应借科目		记　账	金　额									
	一级科目	二级科目或明细科目		千	百	十	万	千	百	十	元	角	分
合　计													

附件　　张

会计主管：　　记账：　　出纳：　　复核：　　制单：

表 5-16　付款凭证

应贷科目：　　　　　　年　　月　　日　　　　　　第　　号

摘　要	应借科目		记　账	金　额									
	一级科目	二级科目或明细科目		千	百	十	万	千	百	十	元	角	分
合　计													

附件　　张

会计主管：　　记账：　　出纳：　　复核：　　制单：

表 5-17　销售费用总账

2016年		凭证		摘　要	对方科目	借　方								贷　方								借或贷	余　额							
月	日	种类	号数			十	万	千	百	十	元	角	分	十	万	千	百	十	元	角	分		十	万	千	百	十	元	角	分

实训六　编制银行存款余额调节表

一、实训目的

为了保证企业登记的银行存款日记账记录正确，必须定期将银行存款日记账与银行对账单相核对，通过编制银行存款余额调节表以调整未达账项对双方账面记录的影响，以确定双方记录的正确性。通过实训，使学生掌握未达账项的查找方法和银行存款余额调节表的编制方法。

二、实训指导

（1）将企业“银行存款日记账”与银行对账单逐笔核对，通过核对确定未达账项。

（2）为了消除未达账项对双方账面余额的影响，应根据核对后发现的未达账项，编制“银行存款余额调节表”，据以调节双方账面余额。

（3）将企业的账面余额和银行对账单余额各自补记对方已入账而本企业尚未入账的金额，然后验证经过调节后的余额是否相符。如果相符，一般表明企业与银行的账目没有差错；如果不相符，则表明账目有错误，应进一步查明原因，予以更正。

（4）按调节公式进行调节：

$$\text{企业银行存款日记账余额}+\text{银行已收而企业未收款项}-\text{银行已付而企业付款项}=\text{银行对账单余额}+\text{企业已收而银行未收款项}-\text{企业已付而银行未付款项}$$

三、实训资料

通达公司2016年6月21日至6月30日银行存款日记账账面记录和银行对账单记录见表6-1和表6-2（假设企业银行存款日记账与银行对账单账面记录6月21日前均核对无误）。

四、实训要求

核对以上账目，确定未达账项，对未达账项进行调节，编制银行存款余额调节表，见表6-3。

表 6-1　银行存款日记账

年		凭证号	摘　要	结算凭证		对方科目	借方	贷方	余额
月	日			种类	号数				
6	21		承前页						380 500
6	21	银付 35	购入材料	转支	3603	在途物资		48 000	332 500
6	22	银付 36	偿付货款	转支	2003	应付账款		36 800	295 700
6	22	银付 37	提取现金	现支	8653	库存现金		4 000	291 700
6	23	银付 38	支付广告费	转支	3605	销售费用		37 200	254 500
6	23	银收 18	收回货款	委收	1004	应收账款	28 300		282 800
6	24	银付 39	支付保险费	转支	3609	管理费用		40 000	242 800
6	24	银付 40	代垫运杂费	转支	3611	应收账款		6 000	236 800
6	25	银付 41	预付差旅费	现支	8654	其他应收款		3 500	233 300
6	25	银收 19	销售产品	委收	1006	主营业务收入	18 950		252 250
6	26	银付 42	购入设备	汇票	2005	固定资产		57 400	194 850
6	26	银收 20	预收货款	本票	8461	预收账款	95 380		290 230
6	27	银付 43	购办公用品	转支	3614	管理费用		600	289 630
6	27	银付 44	支付养路费	转支	3617	管理费用		3 800	285 830
6	28	银付 45	预付货款	转支	3618	预付账款		50 000	235 830
6	29	银收 21	收回货款	委收	1008	应收账款	17 390		253 220
6	30	现付 19	存入现金	回单	24	库存现金	2 000		255 220
6	30	银付 46	预付差旅费	现支	8658	其他应收款		2 780	252 440

表 6-2　银行对账单

2016 年		结算凭证		摘　要	借　方	贷　方	余　额
月	日	种类	号数				
6	21			承前页			380 500
6	22	转支	3603	付货款	48 000		332 500
6	22	现支	8653	提现金	4 000		328 500
6	24	转支	3605	付广告费	37 200		291 300
6	25	特转	1480	存款利息		5 900	297 200
6	25	现支	8654	提差旅费	3 500		293 700
6	26	转支	3609	付保险费	40 000		253 700
6	26	本票	8461	存入货款		95 380	349 080
6	26	转支	3614	付办公用品款	600		348 480
6	29	转支	2003	付货款	36 800		311 680
6	29	专托	5721	付电话费	3 800		307 880
6	29	转支	3617	付养路费	3 800		304 080
6	30	特转	1902	贷款利息	3 500		300 580
6	30			存入现金		2 000	302 580
6	30	专托	1195	支付水电费	4 800		297 780
6	30	委收	1009	代收运费		4 000	301 780
6	30	汇票	2005	购设备	57 400		244 380
6	30			月末余额			244 380

表 6-3 银行存款余额调节表

年 月 日 单位：元

项 目	金 额	项 目	金 额
企业银行存款日记账余额		银行对账单余额	
加：		加：	
减：		减：	
调节后的余额		调节后的余额	

实训七　编制财务报表

一、实训目的

财务报表是对企业财务状况、经营成果和现金流量的结构性表述，是对会计核算工作的全面总结，也是及时提供合法、真实、准确、完整的会计信息的重要环节。通过实训，使学生掌握资产负债表和利润表的编制方法。

二、实训指导

资产负债表各项目的“年初余额”应按上年各有关项目“年末余额”填列，各项目的期末余额应根据有关账户的期末余额不同情况分别进行填列，具体有以下 4 种情况：

（1）根据总账账户期末余额直接填列，如应收票据、交易性金融资产、短期借款、应付票据、应付职工薪酬、应交税费、其他应付款、长期借款、实收资本、资本公积、盈余公积等项目。

（2）根据同类总账账户期末余额合并计算填列，如货币资金、存货等项目。

（3）根据总账账户余额减去其备抵项目后的净额填列，如应收账款、长期股权投资、无形资产、固定资产等项目。

（4）根据结算账户的有关明细账户的期末余额调整填列，如应收账款、预收账款、预付账款、应付账款等项目。

利润表的“上期金额”栏按上期利润表填列，“本期金额”栏应根据各损益类账户的发生额分析计算填列，营业利润、利润总额、净利润等项目如计算结果为亏损时，以“-”号填列。

报表各项目应计算准确、填写清楚。

三、实训资料

（1）通达公司 2016 年 8 月 31 日有关总账和明细账的余额见表 7-1。

表 7-1　总账和明细账余额表

资产账户	借或贷	余额	负债和所有者权益账户	借或贷	余额
库存现金	借	2 000	短期借款	贷	200 000.00

续表7-1

资产账户	借或贷	余额	负债和所有者权益账户	借或贷	余额
银行存款	借	800 000	应付票据	贷	20 000.00
交易性金融资产	借	100 000	应付账款	贷	70 000.00
应收票据	借	20 000	——丙公司	贷	74 000.00
应收账款	借	80 000	——丁公司	借	4 000.00
——甲公司	借	85 000	预收账款	贷	15 000.00
——乙公司	贷	5 000	——C 公司	贷	15 000.00
坏账准备	贷	3 000	其他应付款	贷	8 000.00
预付账款	借	40 000	应付职工薪酬	贷	10 000.00
——A 公司	借	42 000	应交税费	贷	30 000.00
——B 公司	贷	2 000	长期借款	贷	350 000.00
其他应收款	借	5 000.00	实收资本	贷	2 200 000.00
在途物资	借	6 000.00	资本公积	贷	120 000.00
原材料	借	500 000.00	盈余公积	贷	50 000.00
生产成本	借	200 000.00	利润分配	借	20 000.00
库存商品	借	80 000.00	本年利润	贷	227 000.00
长期股权投资	借	150 000.00			
固定资产	借	2 000 000.00			
累计折旧	贷	800 000.00			
无形资产	借	100 000.00			
合　计		3 280 000.00	合　计		3 280 000.00

要求：根据以上资料编制通达公司 2016 年 8 月末的资产负债表，见表 7-2。

表 7-2　资产负债表

编制单位：　　　　　　　　　年　　月　　日　　　　　　　　　单位：元

资　产	年初余额	期末余额	负债和所有者权益	年初余额	期末余额
流动资产：			流动负债：		
货币资金			短期借款		
交易性金融资产			交易性金融负债		
应收票据			应付票据		
应收账款			应付账款		
预付账款			预收账款		
应收利息			应付职工薪酬		
应收股利			应交税费		
其他应收款			应付利息		
存货			应付股利		
一年内到期的非流动资产			其他应付款		

续表7-2

资　产	年初余额	期末余额	负债和所有者权益	年初余额	期末余额
其他流动资产			一年内到期的长期负债		
流动资产合计			其他流动负债		
非流动资产：			流动负债合计		
可供出售金融资产			非流动负债：		
持有至到期投资			长期借款		
长期应收款			应付债券		
长期股权投资			长期应付款		
投资性房地产			专项应付款		
固定资产			预计负债		
在建工程			递延所得税负债		
工程物资			其他非流动负债		
固定资产清理			非流动负债合计		
生产性生物资产			负债合计		
油气资产			所有者权益：		
无形资产			实收资本		
开发支出			资本公积		
商誉			减：库存股		
长期待摊费用			盈余公积		
递延所得税资产			未分配利润		
其他非流动资产			所有者权益合计		
非流动资产合计					
资产总计			负债和所有者权益总计		

（2）东方公司2016年6月各损益类账户月底转账前的本月发生额，见表7-3（所得税税率为25%）。

表7-3　损益类账户发生额

账户名称	本月发生额	
	借方	贷方
主营业务收入		525 000.00
其他业务收入		160 000.00
投资收益		6 000.00
营业外收入		7 000.00
主营业务成本	300 000.00	
税金及附加	2 000.00	
其他业务成本	60 000.00	
销售费用	20 000.00	

续表7-3

账户名称	本月发生额	
	借方	贷方
管理费用	35 000.00	
财务费用	2 000.00	
营业外支出	8 000.00	

要求：根据以上资料编制东方公司2016年6月的利润表，见表7-4。

表7-4 利润表

编制单位： 年 月 单位：元

项 目	本月金额	上期金额
一、营业收入		
减：营业成本		
税金及附加		
销售费用		
管理费用		
财务费用		
资产减值损失		
加：公允价值变动收益（损失以“-”号填列）		
投资收益（亏损以“-”号填列）		
其中：对联营企业和合营企业的投资收益		
二、营业利润（亏损以“-”号填列）		
加：营业外收入		
减：营业外支出		
其中：非流动资产处置损失		
三、利润总额（亏损总额以“-”号填列）		
减：所得税费用		
四、净利润（净亏损以“-”号填列）		
五、每股收益		
（一）基本每股收益		
（二）稀释每股收益		

实训八　会计基本业务综合实训

一、实训目的

通过实训，使学生掌握会计凭证、会计账簿和会计报表的编制原理，完成一次会计循环，提高会计实务操作能力。

二、实训资料

（1）海通公司2016年12月初总分类账户及明细账分类账户余额见表8-1和表8-2。

表8-1　总分类账户余额　　单位：元

账户名称	借方余额	账户名称	贷方余额
库存现金	2 000.00	短期借款	80 000.00
银行存款	400 000.00	应付账款	20 000.00
应收账款	45 000.00	应付职工薪酬	5 000.00
其他应收款	5 000.00	应交税费	30 000.00
原材料	80 000.00	预收账款	10 000.00
库存商品	50 000.00	实收资本	1 500 000.00
生产成本	70 000.00	资本公积	10 000.00
固定资产	2 000 000.00	盈余公积	200 000.00
长期待摊费用	20 000.00	本年利润	250 000.00
		利润分配	50 000.00
		累计折旧	517 000.00
合 计	2 672 000.00	合 计	2 672 000.00

表8-2　明细分类账户余额

总账账户	明细账户	计量单位	数量	单价/元	余额/元
应收账款	东方公司				35 000.00
	通达公司				10 000.00

续表8-2

总账账户	明细账户	计量单位	数量	单价/元	余额/元
原材料	A 材料	kg	1000	5.00	5 000.00
	B 材料	吨	300	250.00	75 000.00
库存商品	甲产品	台	50	1 000.00	50 000.00
应付账款	光明公司				15 000.00
	新华工厂				5 000.00
应交税费	应交所得税				15 000.00
	应交增值税				10 000.00
	应交教育费附加				5 000.00

（2）12 月发生的经济业务如下：

1）1 日，从银行提取现金 5 000 元备用。现金支票存根如图 8-1 所示。

中国银行现金支票存根

IV V9310085

科　　目：________

对方科目：________

出票日期 2016 年 12 月 1 日

收款人：	海通公司
金　额：	5 000.00
用　途：	备用

单位主管　　会计　张红

图 8-1　现金支票存根

2）1 日，供应科职工王林预借差旅费 3 000 元，用现金支付。借款单见表 8-3。

表 8-3　借款单

2016 年 12 月 1 日

部　门	供应科		借款事由	出差借款	
借款金额	金额（大写）人民币叁仟元整			¥3 000.00	
批准金额	金额（大写）人民币叁仟元整			¥3 000.00	
领　导	周长春	会计主管	李海波	借款人	王林

3）2 日，以现金购买办公用品 200 元。商业零售发票见表 8-4。

表 8-4　湖南省沙市商品销售统一发票

购货单位：海通公司　　　　2016 年 12 月 2 日　　　　NO. 1652035

品名	规格	单位	数量	单价	金额						
					万	千	百	十	元	角	分
记录本		本	10	5.00				5	0	0	0
签字笔		支	30	5.00			1	5	0	0	0
合计						¥	2	0	0	0	0
合计金额（大写）人民币贰佰元整											

发票联

开票人：徐小红　　　　收款人：李小丽　　　　单位名称（盖章）：

4）5 日，向光明公司购买 A 材料 2000kg，单价 5 元，价款 10 000 元，增值税 1 700 元，开出转账支票支付。增值税专用发票见表 8-5，银行转账支票存根如图 8-2 所示。

表 8-5　增值税专用发票

开票日期：2016 年 12 月 5 日　　　　NO. 00360078

购货单位			
名称	海通公司	纳税人登记号	260750580321
地址、电话		开户银行及账号	中国银行 160320580321

货物或应税劳务名称	计量单位	数量	单价	金额									税率（%）	金额								
				百	十	万	千	百	十	元	角	分		百	十	万	千	百	十	元	角	分
A 材料	kg	2000	5.00			1	0	0	0	0	0	0	17				1	7	0	0	0	0
合　计					¥	1	0	0	0	0	0	0				¥	1	7	0	0	0	0

价税合计（大写）　人民币⊗仟⊗佰⊗拾壹万壹仟柒佰零拾零元零角零分　¥11 700.00

销货单位			
名称	光明公司	纳税人登记号	2607505800851
地址、电话		开户银行及账号	工商银行 250859521231

备注

第二联：购货方记账

销货单位（未盖章无效）

中国银行现金支票存根

IV V931001

科　　目：

对方科目：

出票日期 2016 年 12 月 5 日

收款人：光明公司
金　额：11 700.00
用　途：购买材料

单位主管　　　会计　张红

图 8-2　转账支票存根

5）6 日，5 日购买的 A 材料全部验收入库。入库单见表 8-6。

表 8-6　入库单

供货单位：光明公司　　　　　　　　　　　　　　　　凭证编号：071212
发票编号：00360078　　　　2016 年 12 月 6 日　　　　收料仓库：材料库

材料类别	材料编号	材料名称	规格	计量单位	数量		金额									附注
					应收	实收	单价	总价								
								十	万	千	百	十	元	角	分	
原材料	J051	A 材料		kg	2000	2000	5.00		1	0	0	0	0	0	0	
合计								¥	1	0	0	0	0	0	0	

会计主管：李海波　记账：丁小平　仓库主管：张国华　保管：李云海　验收：李云海　采购：王林

6）6 日，王林报销差旅费 2 500 元，余款退回现金 500 元。差旅费报销单见表 8-7，收款收据见表 8-8。

表 8-7　差旅费报销单

2016 年 12 月 6 日

部门	供应科	出差人	王林	出差事由	采购材料

起讫日期						地点		车船费		住宿费		补助费			其他金额	结账记录
月	日	时	月	日	时	起	讫	人数	金额	天数	金额	天数	伙补	住勤费		预借旅费：3 000.00
6	5		6	5		长	常	3	1 800	1	80	2	80	500	40	共报销：2 500.00
																退回预借旅费：500.00
																补给旅费：
合计									1 800		80		80	500	40	附件张数：2
总计报销金额（大写）人民币 贰仟伍佰元整										¥2 500.00						

单位负责人：黄伟林　　　　部门负责人：张海洋　　　　报销人：王林

表 8-8　收款收据

2016 年 12 月 6 日　　　　NO. 207853005

今收到 王林

交来 预借差旅费余款

人民币（大写）伍佰元整　　　　¥500.00

收款单位（公章）：　　　　会计主管：李海波　　　　收款人：张红

7）6日，以银行存款支付电视台广告费8 000元。转账支票存根如图8-3所示，费用发票见表8-9。

中国银行转账支票存根
IV V931002
科　　目：________
对方科目：________

出票日期 2016年12月6日

收款人：	电视台
金　额：	8 000.00
用　途：	广告费

单位主管　　　会计　张红

图8-3　转账支票存根

表8-9　江苏省广告业专用发票

客户名称：海通公司　　　2016年12月6日　　　NO. 250632011

项目	单位	数量	单价	金额							
				万	千	百	十	元	角	分	
广告制作					8	0	0	0	0	0	报销凭证
合计				¥	8	0	0	0	0	0	
合计金额（大写）人民币捌仟元整											

开票人：张伟　　　收款人：张伟　　　单位名称（盖章）：

8）6日，职工吴小平报销医药费200元，以现金付讫。医药费报销单见表8-10，门诊收费收据见表8-11。

表8-10　医药费报销单

2016年12月6日

姓名	报销比例	单据张数	单据金额	实报金额	审批意见	备注
吴小平	100%	1	200.00	200.00		
合计		1	200.00	200.00		
实报金额（大写）	人民币贰佰元整					¥200.00

单位负责人：黄海林　　　会计主管：李海波　　　出纳：张红

表 8-11 门诊收费收据

2016 年 12 月 4 日

项　目	金　额	项　目	金　额
西　药	150.00	手术费	
中成药		治疗费	50.00
常规检查		放射费	
CT		化验费	
B　超		输血费	
金额（大写）：人民币贰佰元整		¥200.00	

收款人：黄海华　　　　单位（盖章）：

9）7 日，生产车间为生产甲产品领用 A 材料 500kg，单价 5 元；B 材料 2t，单价 250 元。领料单见表 8-12。

表 8-12 领料单

领料部门　生产车间　　2016 年 12 月 7 日　　字第　1201　号

材料			单位	数量		成本								材料账页
							总价							
编号	名称	规格		请领	实发	单价	万	千	百	十	元	角	分	
01001	A 材料		kg	500	500	5.00		2	5	0	0	0	0	
01002	B 材料		t	2	2	250.00			5	0	0	0	0	
合计							¥	3	0	0	0	0	0	

主管：　　会计：　　记账：　　保管：李云海　　发料：李云海　　领料：张兴

10）7 日，销售给东方公司甲产品 40 台，单价 1 500 元，价款 60 000 元，增值税 10 200 元，款项未收到。增值税专用发票见表 8-13。

表 8-13 增值税专用发票

开票日期：2016 年 12 月 7 日　　　　NO. 00458673

购货单位	名　称	东方公司	纳税人登记号	350552732805
	地址、电话		开户银行及账号	农业银行 250859321065

货物或应税劳务名称	计量单位	数量	单价	金额									税率（%）	金额								
				百	十	万	千	百	十	元	角	分		百	十	万	千	百	十	元	角	分
甲产品	台	40	1 500.00			6	0	0	0	0	0	0	17			1	0	2	0	0	0	0
合　计					¥	6	0	0	0	0	0	0			¥	1	0	2	0	0	0	0

价税合计（大写）　人民币　⊗仟⊗佰⊗拾柒万零仟贰佰零拾零元零角零分　¥70 200.00

销货单位	名　称	海通公司	纳税人登记号	260750580321
	地址、电话		开户银行及账号	中国银行 160320580321
备注				

第三联：销货方记账

销货单位（盖章）

11）7 日，结转销售甲产品的销售成本。产品出库通知单见表 8-14。

表 8-14　出库通知单

2016 年 12 月 7 日　　　　字　1201　号

<table>
<tr><td rowspan="3">类别</td><td rowspan="3">编号</td><td rowspan="3">名称</td><td rowspan="3">规格</td><td rowspan="3">单位</td><td colspan="2">数　量</td><td colspan="8">成　本</td><td rowspan="3">附　注</td><td rowspan="7">附
单据 1 张</td></tr>
<tr><td rowspan="2">应发</td><td rowspan="2">实发</td><td rowspan="2">成　本</td><td colspan="7">总　成　本</td></tr>
<tr><td>十</td><td>万</td><td>千</td><td>百</td><td>十</td><td>元</td><td>角</td><td>分</td></tr>
<tr><td>成品</td><td>101</td><td>甲产品</td><td></td><td>台</td><td>40</td><td>40</td><td>1 000</td><td></td><td>4</td><td>0</td><td>0</td><td>0</td><td>0</td><td>0</td><td>0</td><td></td></tr>
<tr><td></td><td></td><td></td><td></td><td></td><td></td><td></td><td></td><td></td><td></td><td></td><td></td><td></td><td></td><td></td><td></td><td></td></tr>
<tr><td></td><td></td><td></td><td></td><td></td><td></td><td></td><td></td><td></td><td></td><td></td><td></td><td></td><td></td><td></td><td></td><td></td></tr>
<tr><td colspan="2">合　计</td><td></td><td></td><td></td><td></td><td></td><td></td><td>¥</td><td>4</td><td>0</td><td>0</td><td>0</td><td>0</td><td>0</td><td>0</td><td></td></tr>
</table>

会计主管：李海波　　仓库主管：王强　　保管：张京　　经发：张京

12）8 日，收到通达公司转账支票一张，偿还原欠货款 5 000 元，已办妥进账手续。银行进账单见表 8-15。

表 8-15　银行进账单

2016 年 12 月 8 日

<table>
<tr><td rowspan="2">收款人</td><td>全称</td><td colspan="12">海通公司</td></tr>
<tr><td>账号</td><td>160320580321</td><td colspan="5">开户银行</td><td colspan="6">中国银行</td></tr>
<tr><td rowspan="2">金额（大写）</td><td colspan="2" rowspan="2">人民币伍仟元整</td><td>万</td><td>千</td><td>百</td><td>十</td><td>万</td><td>千</td><td>百</td><td>十</td><td>元</td><td>角</td><td>分</td></tr>
<tr><td></td><td></td><td></td><td></td><td>¥</td><td>5</td><td>0</td><td>0</td><td>0</td><td>0</td><td>0</td></tr>
<tr><td>付款人名称</td><td>付款人
开户行及账号</td><td>票据号码</td><td></td><td></td><td></td><td></td><td></td><td></td><td></td><td></td><td></td><td></td><td></td></tr>
<tr><td>通达公司</td><td>工行
236589021502</td><td></td><td colspan="11">对方科目</td></tr>
<tr><td>备注</td><td colspan="2"></td><td colspan="5">复核</td><td colspan="6">记账</td></tr>
</table>

13）10 日，从银行提取现金 200 000 元，备发工资。现金支票存根如图 8-4 所示。

中国银行现金支票存根
IV V9310086
科　　目：________
对方科目：________
出票日期 2016 年 12 月 10 日

收款人：	海通公司
金　额：	20 000. 00
用　途：	备发工资

单位主管　　　会计　张红

图 8-4　现金支票存根

14）10 日，以现金 20 000 元发放工资。工资结算汇总表见表 8-16。

表 8-16　工资结算汇总表

2016 年 12 月 10 日

车间部门	人员类别	应付工资						代扣款项			实发工资
		计时工资	计件工资	奖金	津贴		应付工资	房租		合计	
基本生产车间	生产工人						15 000				150 000.00
	管理人员		（略）				2 000				2 000.00
企业管理部门							3 000				3 000.00
合　计							20 000				20 000.00

15）15 日，接到银行通知，偿还新华工厂货款 5 000 元。付款通知见表8-17。

表 8-17　委托收款凭证（付款通知）　　**委托号码 01327**

委托日期：2016 年 12 月 10 日　　付款期限 2016 年 12 月 20 日

付款人	全称	海通公司		收款人	全称	新华工厂	
	账号	160320580321			账号	3632543043	
	开户银行	中国银行	行号		开户银行	工行	行号
委托金额	人民币（大写）	伍仟元整		千 百 十 万 千 百 十 元 角 分		¥ 5 0 0 0 0 0	
款项内容		委托收款凭据名称		附寄单证张数			
备注：				上列款项： 1. 已全部划回收入你方账户。 2. 已收回部分款项收入你方账户。 3. 全部未收到。 收款人开户行盖章			

此联付款人开户行在款项付妥后给付款人的付账通知

单位主管：　会计：　复核：　记账：　付款人开户银行收到日期 2016 年 12 月 10 日

支付日期 2016 年 12 月 11 日

16）15 日，开出转账支票一张，缴纳所得税 6 000 元。转账支票存根如图 8-5所示，完税凭证见表 8-18。

17）25 日，以银行存款支付本月电话费 2 000 元。银行转账支票存根如图 8-6 所示，电信局专用收据见表 8-19。

中国银行转账支票存根	
IV V931003	
科　　目：________	
对方科目：________	
出票日期 2016 年 12 月 15 日	
收款人：税务局	
金　额：6 000.00	
用　途：所得税	
单位主管	会计　张红

图 8-5　转账支票存根

表 8-18　税收通用完税凭证

2016 年 12 月 15 日

税务登记代码	260750580321	征收机关	南通市地税局
纳税人全称	海通公司	收款银行	工商银行
税（费）种	税款所属时期		实缴金额
所得税	2016 年 11 月 1 日—2016 年 11 月 30 日		6 000.00
合计金额	（大写）人民币陆仟元整		¥6 000.00

税务机关（盖章）　　收款银行（盖章）　　经手人：张春明

中国银行转账支票存根	
IV V931004	
科　　目：________	
对方科目：________	
出票日期 2016 年 12 月 25 日	
收款人：电信局	
金　额：2 000.00	
用　途：电话费	
单位主管	会计　张红

图 8-6　转账支票存根

表 8-19　电信局专用收据

2016 年 12 月 25 日

电话号码	85693692	付款单位	海通公司
交款明细项目（略）			
实收金额	人民币（大写）贰仟元整		¥2 000.00

第二联报销联

18）31 日，分配本月职工工资。工资费用分配表见表 8-20。

表 8-20 工资费用分配表

2016 年 12 月 31 日

应借科目	生产工人工资额分配			直接工资	合计
	生产工时	分配率	分配金额		
生产成本——甲产品				15 000.00	15 000.00
制造费用				2 000.00	2 000.00
管理费用				3 000.00	3 000.00
合　计				20 000.00	20 000.00

会计主管：李海波　　审核：张进民　　制表人：张丽

19）31 日，按工资总额的 14%提取职工福利费 2 800 元。职工福利费计提分配表见表 8-21。

表 8-21 职工福利费计提分配表

2016 年 12 月 31 日

应借科目	计提基数	计提比例	计提金额
生产成本——甲产品	15 000	14%	2 100.00
制造费用	2 000	14%	280.00
管理费用	3 000	14%	420.00
合　计	20 000	14%	2 800.00

会计主管：李海波　　审核：张进民　　制表人：张丽

20）31 日，计提本月固定资产折旧 13 000 元，其中生产车间 9 000 元，管理部门 4 000 元。固定资产折旧计算表见表 8-22。

表 8-22 固定资产折旧计算表

2016 年 12 月 31 日

固定资产类别	上月计提		上月增加		上月减少		本月计提	
	原价	折旧	原价	折旧	原价	折旧	原价	折旧
生产用	1 500 000	9 000						9 000.00
管理部门用	500 000	4 000						4 000.00
合计		13 000						13 000.00

会计主管：李海波　　审核：张进民　　制表人：张丽

21）31 日，月末将本月发生的制造费用分配转入生产成本。制造费用分配表见表 8-23。

表 8-23　制造费用分配表

2016 年 12 月 31 日

产品名称	分配标准	分配率	分配金额
甲产品			11 280.00
合计			11 280.00

22）31 日，100 台甲产品全部完工入库，结转完工产品生产成本。产品成本计算单见表 8-24，产成品入库单见表 8-25。

表 8-24　产品成本计算单

2016 年 12 月 31 日

产品名称：甲产品　　　　　　　　　　完工产品数：100 台

项目	直接材料	直接人工	制造费用	合计
期初在产品成本	40 000	20 000	10 000	70 000
本月发生额	3 000	17 100	11 280	31 380
合　计	43 000	37 100	21 280	101 380
完工产品成本	43 000	37 100	21 280	101 380
期末在产品成本				
单位成本				1 013.80

表 8-25　产成品入库单

2016 年 12 月 31 日

类别	编号	名称	规格	单位	数量		价格									附注
					应收	实收	单价	总价								
								十	万	千	百	十	元	角	分	
产成品	1001	甲产品		台	100	100	1 013.8	1	0	1	3	8	0	0	0	
合　计								1	0	1	3	8	0	0	0	

会计主管：李海波　　　　仓库主管：王强　　　　保管：张京　　　　验收：张京

23）31 日，本月应缴纳增值税 8 500 元，分别按 7% 和 2% 计算应缴纳的城市维护建设税和教育费附加。城市维护建设税和教育费附加计算表见表 8-26。

表 8-26　城市维护建设税和教育费附加计算表

2016 年 12 月 31 日

计税依据	城市维护建设税		教育费附加	
	税率/%	金额/元	税率/%	金额/元
8 500.00	7	595.00	2	170.00
合计		595.00		170.00

会计主管：李海波　　　　审核：张进民　　　　制表人：王芹

24）31 日，将本月损益类账户余额转入本年利润账户。损益类账户余额表见表 8-27。

表 8-27 损益类账户余额表

2016 年 12 月 单位：元

科目	金额	科目	金额
主营业务收入	60 000.00	主营业务成本	40 000.00
		税金及附加	850.00
		销售费用	2 000.00
		管理费用	12 120.00
合计	60 000.00	合计	54 970.00

25）31 日，按本月实现利润总额的 25%计算并结转本月应交所得税。所得税计算表见表 8-28。

表 8-28 所得税计算表

2016 年 12 月

税前利润	调整金额	应纳税所得	所得税税率	所得税
5 030.00		5 030.00	25%	1 257.50

会计主管：李海波 审核：张进民 制表人：王芹

26）31 日，按净利润的 10%提取盈余公积金。无原始单据。

27）31 日，结转本年利润及利润分配有关明细分类账户。无原始单据。

三、实训要求

（1）采用记账凭证核算程序进行账务处理，具体要求如下：

1）根据原始凭证填制记账凭证，见表 8-29～表 8-56。

2）开设并登记现金日记账和银行存款日记账，见表 8-57 和表 8-58。

3）开设并登记各种明细账，见表 8-59～表 8-69。

4）开设并登记总分类账，见表 8-70～表 8-96。

5）按要求对以上各账进行结账。

6）将现金日记账、银行存款日记账和明细分类账分别与总分类账核对。

7）编制资产负债表和利润表，见表 8-97 和表 8-98。

（2）采用科目汇总表核算程序进行账务处理，具体要求如下：

1）根据要求（1）编制的记账凭证编制科目汇总表，见表 8-99。

2）开设总分类账，根据科目汇总表登记并按要求结账，见表 8-100～表8-126。

表 8-29　记账凭证（1）

年　月　日　　　　编号

摘要	一级科目	二级科目或明细科目	记账	借方金额										贷方金额									
				千	百	十	万	千	百	十	元	角	分	千	百	十	万	千	百	十	元	角	分
合计																							

附件　张

会计主管：　　复核：　　记账：　　出纳：　　制单：

表 8-30　记账凭证（2）

年　月　日　　　　编号

摘要	一级科目	二级科目或明细科目	记账	借方金额										贷方金额									
				千	百	十	万	千	百	十	元	角	分	千	百	十	万	千	百	十	元	角	分
合计																							

附件　张

会计主管：　　复核：　　记账：　　出纳：　　制单：

表 8-31 记账凭证（3）

年 月 日 编号

摘要	一级科目	二级科目或明细科目	记账	借方金额										贷方金额									
				千	百	十	万	千	百	十	元	角	分	千	百	十	万	千	百	十	元	角	分
合计																							

附件 张

会计主管： 复核： 记账： 出纳： 制单：

表 8-32 记账凭证（4）

年 月 日 编号

摘要	一级科目	二级科目或明细科目	记账	借方金额										贷方金额									
				千	百	十	万	千	百	十	元	角	分	千	百	十	万	千	百	十	元	角	分
合计																							

附件 张

会计主管： 复核： 记账： 出纳： 制单：

表 8-33 记账凭证（5）

年 月 日 编号

摘要	一级科目	二级科目或明细科目	记账	借方金额										贷方金额									
				千	百	十	万	千	百	十	元	角	分	千	百	十	万	千	百	十	元	角	分
合计																							

附件 张

会计主管： 复核： 记账： 出纳： 制单：

表 8-34 记账凭证（6）

年 月 日 编号

摘要	一级科目	二级科目或明细科目	记账	借方金额										贷方金额									
				千	百	十	万	千	百	十	元	角	分	千	百	十	万	千	百	十	元	角	分
合计																							

附件 张

会计主管： 复核： 记账： 出纳： 制单：

表 8-35 记账凭证（7）

年 月 日 编号

摘要	一级科目	二级科目或明细科目	记账	借方金额										贷方金额									
				千	百	十	万	千	百	十	元	角	分	千	百	十	万	千	百	十	元	角	分
合计																							

附件 张

会计主管： 复核： 记账： 出纳： 制单：

表 8-36 记账凭证（8）

年 月 日 编号

摘要	一级科目	二级科目或明细科目	记账	借方金额										贷方金额									
				千	百	十	万	千	百	十	元	角	分	千	百	十	万	千	百	十	元	角	分
合计																							

附件 张

会计主管： 复核： 记账： 出纳： 制单：

表 8-37　记账凭证（9）

年　　月　　日　　　　编号

摘要	一级科目	二级科目或明细科目	记账	借方金额										贷方金额									
				千	百	十	万	千	百	十	元	角	分	千	百	十	万	千	百	十	元	角	分
合计																							

附件　　张

会计主管：　　复核：　　记账：　　出纳：　　制单：

表 8-38　记账凭证（10）

年　　月　　日　　　　编号

摘要	一级科目	二级科目或明细科目	记账	借方金额										贷方金额									
				千	百	十	万	千	百	十	元	角	分	千	百	十	万	千	百	十	元	角	分
合计																							

附件　　张

会计主管：　　复核：　　记账：　　出纳：　　制单：

表 8-39　记账凭证（11）

年　月　日　　　　编号

摘　要	一级科目	二级科目或明细科目	记　账	借方金额										贷方金额									
				千	百	十	万	千	百	十	元	角	分	千	百	十	万	千	百	十	元	角	分
合　计																							

附件　　张

会计主管：　　复核：　　记账：　　出纳：　　制单：

表 8-40　记账凭证（12）

年　月　日　　　　编号

摘　要	一级科目	二级科目或明细科目	记　账	借方金额										贷方金额									
				千	百	十	万	千	百	十	元	角	分	千	百	十	万	千	百	十	元	角	分
合　计																							

附件　　张

会计主管：　　复核：　　记账：　　出纳：　　制单：

表 8-41　记账凭证（13）

年　　月　　日　　　　编号

摘　要	一级科目	二级科目或明细科目	记　账	借方金额										贷方金额									
				千	百	十	万	千	百	十	元	角	分	千	百	十	万	千	百	十	元	角	分
合　计																							

附件　张

会计主管：　　复核：　　记账：　　出纳：　　制单：

表 8-42　记账凭证（14）

年　　月　　日　　　　编号

摘　要	一级科目	二级科目或明细科目	记　账	借方金额										贷方金额									
				千	百	十	万	千	百	十	元	角	分	千	百	十	万	千	百	十	元	角	分
合　计																							

附件　张

会计主管：　　复核：　　记账：　　出纳：　　制单：

表 8-43　记账凭证（15）

年　　月　　日　　　　　　　　　　编号

摘　要	一级科目	二级科目或明细科目	记　账	借方金额										贷方金额									
				千	百	十	万	千	百	十	元	角	分	千	百	十	万	千	百	十	元	角	分
合　计																							

附件　　张

会计主管：　　　复核：　　　记账：　　　出纳：　　　制单：

表 8-44　记账凭证（16）

年　　月　　日　　　　　　　　　　编号

摘　要	一级科目	二级科目或明细科目	记　账	借方金额										贷方金额									
				千	百	十	万	千	百	十	元	角	分	千	百	十	万	千	百	十	元	角	分
合　计																							

附件　　张

会计主管：　　　复核：　　　记账：　　　出纳：　　　制单：

表 8-45 记账凭证（17）

年 月 日 编号

摘 要	一级科目	二级科目或明细科目	记 账	借方金额										贷方金额									
				千	百	十	万	千	百	十	元	角	分	千	百	十	万	千	百	十	元	角	分
合 计																							

附件 张

会计主管： 复核： 记账： 出纳： 制单：

表 8-46 记账凭证（18）

年 月 日 编号

摘 要	一级科目	二级科目或明细科目	记 账	借方金额										贷方金额									
				千	百	十	万	千	百	十	元	角	分	千	百	十	万	千	百	十	元	角	分
合 计																							

附件 张

会计主管： 复核： 记账： 出纳： 制单：

表 8-47 记账凭证（19）

年 月 日　　编号

摘要	一级科目	二级科目 或明细科目	记账	借方金额										贷方金额									
				千	百	十	万	千	百	十	元	角	分	千	百	十	万	千	百	十	元	角	分
合计																							

附件　张

会计主管：　　复核：　　记账：　　出纳：　　制单：

表 8-48 记账凭证（20）

年 月 日　　编号

摘要	一级科目	二级科目 或明细科目	记账	借方金额										贷方金额									
				千	百	十	万	千	百	十	元	角	分	千	百	十	万	千	百	十	元	角	分
合计																							

附件　张

会计主管：　　复核：　　记账：　　出纳：　　制单：

表 8-49　记账凭证（21）

年　月　日　　　　编号

摘要	一级科目	二级科目或明细科目	记账	借方金额										贷方金额									
				千	百	十	万	千	百	十	元	角	分	千	百	十	万	千	百	十	元	角	分
合计																							

附件　张

会计主管：　复核：　记账：　出纳：　制单：

表 8-50　记账凭证（22）

年　月　日　　　　编号

摘要	一级科目	二级科目或明细科目	记账	借方金额										贷方金额									
				千	百	十	万	千	百	十	元	角	分	千	百	十	万	千	百	十	元	角	分
合计																							

附件　张

会计主管：　复核：　记账：　出纳：　制单：

表 8-51　记账凭证（23）

年　　月　　日　　　　　　　　　　编号

摘　要	一级科目	二级科目或明细科目	记　账	借方金额										贷方金额									
				千	百	十	万	千	百	十	元	角	分	千	百	十	万	千	百	十	元	角	分
合　计																							

附件　　张

会计主管：　　　　复核：　　　　记账：　　　　出纳：　　　　制单：

表 8-52　记账凭证（24）

年　　月　　日　　　　　　　　　　编号

摘　要	一级科目	二级科目或明细科目	记　账	借方金额										贷方金额									
				千	百	十	万	千	百	十	元	角	分	千	百	十	万	千	百	十	元	角	分
合　计																							

附件　　张

会计主管：　　　　复核：　　　　记账：　　　　出纳：　　　　制单：

表 8-53　记账凭证（25）

年　月　日　　　　　　编号

摘　要	一级科目	二级科目或明细科目	记　账	借方金额										贷方金额									
				千	百	十	万	千	百	十	元	角	分	千	百	十	万	千	百	十	元	角	分
合　计																							

附件　张

会计主管：　复核：　记账：　出纳：　制单：

表 8-54　记账凭证（26）

年　月　日　　　　　　编号

摘　要	一级科目	二级科目或明细科目	记　账	借方金额										贷方金额									
				千	百	十	万	千	百	十	元	角	分	千	百	十	万	千	百	十	元	角	分
合　计																							

附件　张

会计主管：　复核：　记账：　出纳：　制单：

表 8-55　记账凭证（27）

年　　月　　日　　　　　　　　　　　　编号

摘　要	一级科目	二级科目或明细科目	记　账	借方金额										贷方金额									
				千	百	十	万	千	百	十	元	角	分	千	百	十	万	千	百	十	元	角	分
合　计																							

附件　　张

会计主管：　　　　复核：　　　　记账：　　　　出纳：　　　　制单：

表 8-56　记账凭证（28）

年　　月　　日　　　　　　　　　　　　编号

摘　要	一级科目	二级科目或明细科目	记　账	借方金额										贷方金额									
				千	百	十	万	千	百	十	元	角	分	千	百	十	万	千	百	十	元	角	分
合　计																							

附件　　张

会计主管：　　　　复核：　　　　记账：　　　　出纳：　　　　制单：

表 8-57 现金日记账

年		凭证		摘要	对方科目	借方								贷方								借或贷	余额							
月	日	种类	号数			十	万	千	百	十	元	角	分	十	万	千	百	十	元	角	分		十	万	千	百	十	元	角	分

表 8-58 银行存款日记账

年		凭证		摘要	对方科目	借方								贷方								借或贷	余额							
月	日	种类	号数			十	万	千	百	十	元	角	分	十	万	千	百	十	元	角	分		十	万	千	百	十	元	角	分

表 8-59　应收账款明细账（1）

二级明细科目：
三级明细科目：

年		凭证		摘要	对方科目	借方								贷方								借或贷	余额							
月	日	种类	号数			十	万	千	百	十	元	角	分	十	万	千	百	十	元	角	分		十	万	千	百	十	元	角	分

表 8-60　应收账款明细账（2）

二级明细科目：
三级明细科目：

年		凭证		摘要	对方科目	借方								贷方								借或贷	余额							
月	日	种类	号数			十	万	千	百	十	元	角	分	十	万	千	百	十	元	角	分		十	万	千	百	十	元	角	分

表 8-61 原材料明细账（1）

类别______ 编号______ 规格______ 单位______ 最高存量__________ 最低存量__________ 存储地点__________

年		凭证		摘要	收入										发出										结存									
月	日	种类	号数		数量	单价	金额								数量	单价	金额								数量	单价	金额							
							十	万	千	百	十	元	角	分			十	万	千	百	十	元	角	分			十	万	千	百	十	元	角	分

表 8-62 原材料明细账（2）

类别______ 编号______ 规格______ 单位______ 最高存量__________ 最低存量__________ 存储地点__________

年		凭证		摘要	收入										发出										结存									
月	日	种类	号数		数量	单价	金额								数量	单价	金额								数量	单价	金额							
							十	万	千	百	十	元	角	分			十	万	千	百	十	元	角	分			十	万	千	百	十	元	角	分

表 8-63　应付账款明细账（1）

二级明细科目：
三级明细科目：

年		凭证		摘要	对方科目	借方								贷方								借或贷	余额							
月	日	种类	号数			十	万	千	百	十	元	角	分	十	万	千	百	十	元	角	分		十	万	千	百	十	元	角	分

表 8-64　应付账款明细账（2）

二级明细科目：
三级明细科目：

年		凭证		摘要	对方科目	借方								贷方								借或贷	余额							
月	日	种类	号数			十	万	千	百	十	元	角	分	十	万	千	百	十	元	角	分		十	万	千	百	十	元	角	分

表 8-65　应交税费明细账（1）

二级明细科目：

三级明细科目：

年		凭证		摘要	对方科目	借方								贷方								借或贷	余额							
月	日	种类	号数			十	万	千	百	十	元	角	分	十	万	千	百	十	元	角	分		十	万	千	百	十	元	角	分

表 8-66　应交税费明细账（2）

二级明细科目：

三级明细科目：

年		凭证		摘要	对方科目	借方								贷方								借或贷	余额							
月	日	种类	号数			十	万	千	百	十	元	角	分	十	万	千	百	十	元	角	分		十	万	千	百	十	元	角	分

表 8-67 应交税费明细账（3）

二级明细科目：
三级明细科目：

年		凭证		摘要	对方科目	借方								贷方								借或贷	余额							
月	日	种类	号数			十	万	千	百	十	元	角	分	十	万	千	百	十	元	角	分		十	万	千	百	十	元	角	分

表 8-68 应交税费明细账（4）

二级明细科目：
三级明细科目：

年		凭证		摘要	对方科目	借方								贷方								借或贷	余额							
月	日	种类	号数			十	万	千	百	十	元	角	分	十	万	千	百	十	元	角	分		十	万	千	百	十	元	角	分

表 8-69　库存商品明细账

类别______　编号______　规格______　单位______　存储地点______

年		凭证		摘要	收入										发出										结存									
月	日	种类	号数		数量	单价	金额								数量	单价	金额								数量	单价	金额							
							十	万	千	百	十	元	角	分			十	万	千	百	十	元	角	分			十	万	千	百	十	元	角	分

表 8-70　库存现金总账

年		凭证		摘要	对方科目	借方								贷方								借或贷	余额							
月	日	种类	号数			十	万	千	百	十	元	角	分	十	万	千	百	十	元	角	分		十	万	千	百	十	元	角	分

表 8-71 银行存款总账

年		凭证		摘要	对方科目	借方								贷方								借或贷	余额							
月	日	种类	号数			十	万	千	百	十	元	角	分	十	万	千	百	十	元	角	分		十	万	千	百	十	元	角	分

表 8-72 应收账款总账

年		凭证		摘要	对方科目	借方								贷方								借或贷	余额							
月	日	种类	号数			十	万	千	百	十	元	角	分	十	万	千	百	十	元	角	分		十	万	千	百	十	元	角	分

表 8-73　其他应收款总账

年		凭证		摘　要	对方科目	借　方								贷　方								借或贷	余　额							
月	日	种类	号数			十	万	千	百	十	元	角	分	十	万	千	百	十	元	角	分		十	万	千	百	十	元	角	分

表 8-74　在途物资总账

年		凭证		摘　要	对方科目	借　方								贷　方								借或贷	余　额							
月	日	种类	号数			十	万	千	百	十	元	角	分	十	万	千	百	十	元	角	分		十	万	千	百	十	元	角	分

表 8-75 原材料总账

年		凭证		摘要	对方科目	借方								贷方								借或贷	余额							
月	日	种类	号数			十	万	千	百	十	元	角	分	十	万	千	百	十	元	角	分		十	万	千	百	十	元	角	分

表 8-76 库存商品总账

年		凭证		摘要	对方科目	借方								贷方								借或贷	余额							
月	日	种类	号数			十	万	千	百	十	元	角	分	十	万	千	百	十	元	角	分		十	万	千	百	十	元	角	分

表 8-77 固定资产总账

年		凭证		摘要	对方科目	借方								贷方								借或贷	余额							
月	日	种类	号数			十	万	千	百	十	元	角	分	十	万	千	百	十	元	角	分		十	万	千	百	十	元	角	分

表 8-78 累计折旧总账

年		凭证		摘要	对方科目	借方								贷方								借或贷	余额							
月	日	种类	号数			十	万	千	百	十	元	角	分	十	万	千	百	十	元	角	分		十	万	千	百	十	元	角	分

表 8-79　生产成本总账

年		凭证		摘　要	对方科目	借　方								贷　方								借或贷	余　额							
月	日	种类	号数			十	万	千	百	十	元	角	分	十	万	千	百	十	元	角	分		十	万	千	百	十	元	角	分

表 8-80　制造费用总账

年		凭证		摘　要	对方科目	借　方								贷　方								借或贷	余　额							
月	日	种类	号数			十	万	千	百	十	元	角	分	十	万	千	百	十	元	角	分		十	万	千	百	十	元	角	分

表 8-81　长期待摊费用总账

年		凭证		摘要	对方科目	借方								贷方								借或贷	余额							
月	日	种类	号数			十	万	千	百	十	元	角	分	十	万	千	百	十	元	角	分		十	万	千	百	十	元	角	分

表 8-82　短期借款总账

年		凭证		摘要	对方科目	借方								贷方								借或贷	余额							
月	日	种类	号数			十	万	千	百	十	元	角	分	十	万	千	百	十	元	角	分		十	万	千	百	十	元	角	分

表 8-83　应付账款总账

年		凭证		摘　　要	对方科目	借　方								贷　方								借或贷	余　额							
月	日	种类	号数			十	万	千	百	十	元	角	分	十	万	千	百	十	元	角	分		十	万	千	百	十	元	角	分

表 8-84　应付职工薪酬总账

年		凭证		摘　　要	对方科目	借　方								贷　方								借或贷	余　额							
月	日	种类	号数			十	万	千	百	十	元	角	分	十	万	千	百	十	元	角	分		十	万	千	百	十	元	角	分

表 8-85　应交税费总账

年		凭证		摘　要	对方科目	借　方								贷　方								借或贷	余　额							
月	日	种类	号数			十	万	千	百	十	元	角	分	十	万	千	百	十	元	角	分		十	万	千	百	十	元	角	分

表 8-86　预收账款总账

年		凭证		摘　要	对方科目	借　方								贷　方								借或贷	余　额							
月	日	种类	号数			十	万	千	百	十	元	角	分	十	万	千	百	十	元	角	分		十	万	千	百	十	元	角	分

表 8-87 实收资本总账

年		凭证		摘要	对方科目	借方								贷方								借或贷	余额							
月	日	种类	号数			十	万	千	百	十	元	角	分	十	万	千	百	十	元	角	分		十	万	千	百	十	元	角	分

表 8-88 资本公积总账

年		凭证		摘要	对方科目	借方								贷方								借或贷	余额							
月	日	种类	号数			十	万	千	百	十	元	角	分	十	万	千	百	十	元	角	分		十	万	千	百	十	元	角	分

表 8-89　盈余公积总账

年		凭证		摘要	对方科目	借方								贷方								借或贷	余额							
月	日	种类	号数			十	万	千	百	十	元	角	分	十	万	千	百	十	元	角	分		十	万	千	百	十	元	角	分

表 8-90　本年利润总账

年		凭证		摘要	对方科目	借方								贷方								借或贷	余额							
月	日	种类	号数			十	万	千	百	十	元	角	分	十	万	千	百	十	元	角	分		十	万	千	百	十	元	角	分

表 8-91　利润分配总账

年		凭证		摘要	对方科目	借方								贷方								借或贷	余额							
月	日	种类	号数			十	万	千	百	十	元	角	分	十	万	千	百	十	元	角	分		十	万	千	百	十	元	角	分

表 8-92　主营业务收入总账

年		凭证		摘要	对方科目	借方								贷方								借或贷	余额							
月	日	种类	号数			十	万	千	百	十	元	角	分	十	万	千	百	十	元	角	分		十	万	千	百	十	元	角	分

表 8-93　主营业务成本总账

年		凭证		摘　要	对方科目	借　方								贷　方								借或贷	余　额							
月	日	种类	号数			十	万	千	百	十	元	角	分	十	万	千	百	十	元	角	分		十	万	千	百	十	元	角	分

表 8-94　税金及附加总账

年		凭证		摘　要	对方科目	借　方								贷　方								借或贷	余　额							
月	日	种类	号数			十	万	千	百	十	元	角	分	十	万	千	百	十	元	角	分		十	万	千	百	十	元	角	分

表 8-95 管理费用总账

年		凭证		摘要	对方科目	借方								贷方								借或贷	余额							
月	日	种类	号数			十	万	千	百	十	元	角	分	十	万	千	百	十	元	角	分		十	万	千	百	十	元	角	分

表 8-96 销售费用总账

年		凭证		摘要	对方科目	借方								贷方								借或贷	余额							
月	日	种类	号数			十	万	千	百	十	元	角	分	十	万	千	百	十	元	角	分		十	万	千	百	十	元	角	分

表 8-97　资产负债表

编制单位：　　　　年　　月　　日　　　　单位：元

资　产	年初余额	期末余额	负债和所有者权益（或股东权益）	年初余额	期末余额
流动资产：			流动负债：		
货币资金			短期借款		
交易性金融资产			交易性金融负债		
应收票据			应付票据		
应收账款			应付账款		
预付账款			预收账款		
应收利息			应付职工薪酬		
应收股利			应交税费		
其他应收款			应付利息		
存货			应付股利		
一年内到期的非流动资产			其他应付款		
其他流动资产			一年内到期的长期负债		
流动资产合计			其他流动负债		
非流动资产：			流动负债合计		
可供出售金融资产			非流动负债：		
持有至到期投资			长期借款		
长期应收款			应付债券		
长期股权投资			长期应付款		
投资性房地产			专项应付款		
固定资产			预计负债		
在建工程			递延所得税负债		
工程物资			其他非流动负债		
固定资产清理			非流动负债合计		
生产性生物资产			负债合计		
油气资产			所有者权益（或股东权益）：		
无形资产			实收资本（或股本）		
开发支出			资本公积		
商誉			减：库存股		
长期待摊费用			盈余公积		
递延所得税资产			未分配利润		
其他非流动资产			所有者权益（或股东权益）合计		
非流动资产合计					
资产总计			负债和所有者权益总计		

表 8-98 利润表

编制单位： 年 月 单位：元

项 目	本月金额	上期金额
一、主营业务收入		
减：主营业务成本		
税金及附加		
销售费用		
管理费用		
财务费用		
资产减值损失		
加：公允价值变动收益（损失以“-”号填列）		
投资收益（亏损以“-”号填列）		
其中：对联营企业和合营企业的投资收益		
二、营业利润（亏损以“-”号填列）		
加：营业外收入		
减：营业外支出		
其中：非流动资产处置损失		
三、利润总额（亏损总额以“-”号填列）		
减：所得税费用		
四、净利润（净亏损以“-”号填列）		
五、每股收益		
（一）基本每股收益		
（二）稀释每股收益		

表 8-99 科目汇总表

会计科目	期初余额		本期发生额		期末余额	
	借方	贷方	借方	贷方	借方	贷方
合计						

表 8-100　库存现金总账

年		凭证		摘要	对方科目	借方								贷方								借或贷	余额							
月	日	种类	号数			十	万	千	百	十	元	角	分	十	万	千	百	十	元	角	分		十	万	千	百	十	元	角	分

表 8-101　银行存款总账

年		凭证		摘要	对方科目	借方								贷方								借或贷	余额							
月	日	种类	号数			十	万	千	百	十	元	角	分	十	万	千	百	十	元	角	分		十	万	千	百	十	元	角	分

表 8-102 应收账款总账

年		凭证		摘要	对方科目	借方								贷方								借或贷	余额							
月	日	种类	号数			十	万	千	百	十	元	角	分	十	万	千	百	十	元	角	分		十	万	千	百	十	元	角	分

表 8-103 其他应收款总账

年		凭证		摘要	对方科目	借方								贷方								借或贷	余额							
月	日	种类	号数			十	万	千	百	十	元	角	分	十	万	千	百	十	元	角	分		十	万	千	百	十	元	角	分

表 8-104 在途物资总账

年		凭证		摘要	对方科目	借方								贷方								借或贷	余额							
月	日	种类	号数			十	万	千	百	十	元	角	分	十	万	千	百	十	元	角	分		十	万	千	百	十	元	角	分

表 8-105 原材料总账

年		凭证		摘要	对方科目	借方								贷方								借或贷	余额							
月	日	种类	号数			十	万	千	百	十	元	角	分	十	万	千	百	十	元	角	分		十	万	千	百	十	元	角	分

表 8-106 库存商品总账

年		凭证		摘要	对方科目	借方								贷方								借或贷	余额							
月	日	种类	号数			十	万	千	百	十	元	角	分	十	万	千	百	十	元	角	分		十	万	千	百	十	元	角	分

表 8-107 固定资产总账

年		凭证		摘要	对方科目	借方								贷方								借或贷	余额							
月	日	种类	号数			十	万	千	百	十	元	角	分	十	万	千	百	十	元	角	分		十	万	千	百	十	元	角	分

表 8-108　累计折旧总账

年		凭证		摘要	对方科目	借方								贷方								借或贷	余额							
月	日	种类	号数			十	万	千	百	十	元	角	分	十	万	千	百	十	元	角	分		十	万	千	百	十	元	角	分

表 8-109　生产成本总账

年		凭证		摘要	对方科目	借方								贷方								借或贷	余额							
月	日	种类	号数			十	万	千	百	十	元	角	分	十	万	千	百	十	元	角	分		十	万	千	百	十	元	角	分

表 8-110 制造费用总账

年		凭证		摘要	对方科目	借方								贷方								借或贷	余额							
月	日	种类	号数			十	万	千	百	十	元	角	分	十	万	千	百	十	元	角	分		十	万	千	百	十	元	角	分

表 8-111 长期待摊费用总账

年		凭证		摘要	对方科目	借方								贷方								借或贷	余额							
月	日	种类	号数			十	万	千	百	十	元	角	分	十	万	千	百	十	元	角	分		十	万	千	百	十	元	角	分

表 8-112　短期借款总账

年		凭证		摘要	对方科目	借方								贷方								借或贷	余额							
月	日	种类	号数			十	万	千	百	十	元	角	分	十	万	千	百	十	元	角	分		十	万	千	百	十	元	角	分

表 8-113　应付账款总账

年		凭证		摘要	对方科目	借方								贷方								借或贷	余额							
月	日	种类	号数			十	万	千	百	十	元	角	分	十	万	千	百	十	元	角	分		十	万	千	百	十	元	角	分

表 8-114 应付职工薪酬总账

年		凭证		摘要	对方科目	借方								贷方								借或贷	余额							
月	日	种类	号数			十	万	千	百	十	元	角	分	十	万	千	百	十	元	角	分		十	万	千	百	十	元	角	分

表 8-115 应交税费总账

年		凭证		摘要	对方科目	借方								贷方								借或贷	余额							
月	日	种类	号数			十	万	千	百	十	元	角	分	十	万	千	百	十	元	角	分		十	万	千	百	十	元	角	分

表 8-116　预收账款总账

年		凭证		摘要	对方科目	借方								贷方								借或贷	余额							
月	日	种类	号数			十	万	千	百	十	元	角	分	十	万	千	百	十	元	角	分		十	万	千	百	十	元	角	分

表 8-117　实收资本总账

年		凭证		摘要	对方科目	借方								贷方								借或贷	余额							
月	日	种类	号数			十	万	千	百	十	元	角	分	十	万	千	百	十	元	角	分		十	万	千	百	十	元	角	分

表 8-118 资本公积总账

年		凭证		摘要	对方科目	借方								贷方								借或贷	余额							
月	日	种类	号数			十	万	千	百	十	元	角	分	十	万	千	百	十	元	角	分		十	万	千	百	十	元	角	分

表 8-119 盈余公积总账

年		凭证		摘要	对方科目	借方								贷方								借或贷	余额							
月	日	种类	号数			十	万	千	百	十	元	角	分	十	万	千	百	十	元	角	分		十	万	千	百	十	元	角	分

表 8-120　本年利润总账

年		凭证		摘要	对方科目	借方								贷方								借或贷	余额							
月	日	种类	号数			十	万	千	百	十	元	角	分	十	万	千	百	十	元	角	分		十	万	千	百	十	元	角	分

表 8-121　利润分配总账

年		凭证		摘要	对方科目	借方								贷方								借或贷	余额							
月	日	种类	号数			十	万	千	百	十	元	角	分	十	万	千	百	十	元	角	分		十	万	千	百	十	元	角	分

表 8-122 主营业务收入总账

年		凭证		摘要	对方科目	借方								贷方								借或贷	余额							
月	日	种类	号数			十	万	千	百	十	元	角	分	十	万	千	百	十	元	角	分		十	万	千	百	十	元	角	分

表 8-123 主营业务成本总账

年		凭证		摘要	对方科目	借方								贷方								借或贷	余额							
月	日	种类	号数			十	万	千	百	十	元	角	分	十	万	千	百	十	元	角	分		十	万	千	百	十	元	角	分

表 8-124 营业税金及附加总账

年		凭证		摘要	对方科目	借方								贷方								借或贷	余额							
月	日	种类	号数			十	万	千	百	十	元	角	分	十	万	千	百	十	元	角	分		十	万	千	百	十	元	角	分

表 8-125 管理费用总账

年		凭证		摘要	对方科目	借方								贷方								借或贷	余额							
月	日	种类	号数			十	万	千	百	十	元	角	分	十	万	千	百	十	元	角	分		十	万	千	百	十	元	角	分

表 8-126 销售费用总账

年		凭证		摘要	对方科目	借方								贷方								借或贷	余额							
月	日	种类	号数			十	万	千	百	十	元	角	分	十	万	千	百	十	元	角	分		十	万	千	百	十	元	角	分

附：备用凭证。

记 账 凭 证

年 月 日

编号

摘要	一级科目	二级科目或明细科目	记账	借方金额										贷方金额									
				千	百	十	万	千	百	十	元	角	分	千	百	十	万	千	百	十	元	角	分
合计																							

附件 张

会计主管： 复核： 记账： 出纳： 制单：

记 账 凭 证

年 月 日 编号

摘 要	一级科目	二级科目或明细科目	记 账	借方金额										贷方金额									
				千	百	十	万	千	百	十	元	角	分	千	百	十	万	千	百	十	元	角	分
合 计																							

附件 张

会计主管： 复核： 记账： 出纳： 制单：

记 账 凭 证

年 月 日 编号

摘 要	一级科目	二级科目或明细科目	记 账	借方金额										贷方金额									
				千	百	十	万	千	百	十	元	角	分	千	百	十	万	千	百	十	元	角	分
合 计																							

附件 张

会计主管： 复核： 记账： 出纳： 制单：

记 账 凭 证

年 月 日 编号

摘 要	一级科目	二级科目 或明细科目	记 账	借方金额										贷方金额									
				千	百	十	万	千	百	十	元	角	分	千	百	十	万	千	百	十	元	角	分
合 计																							

附件 张

会计主管： 复核： 记账： 出纳： 制单：

记 账 凭 证

年 月 日 编号

摘 要	一级科目	二级科目 或明细科目	记 账	借方金额										贷方金额									
				千	百	十	万	千	百	十	元	角	分	千	百	十	万	千	百	十	元	角	分
合 计																							

附件 张

会计主管： 复核： 记账： 出纳： 制单：

记　账　凭　证

年　　月　　日　　　　　　　　　　　　　　编号

摘　要	一级科目	二级科目 或明细科目	记　账	借方金额										贷方金额									
				千	百	十	万	千	百	十	元	角	分	千	百	十	万	千	百	十	元	角	分
合　计																							

附件　　张

会计主管：　　　　复核：　　　　记账：　　　　出纳：　　　　制单：

记　账　凭　证

年　　月　　日　　　　　　　　　　　　　　编号

摘　要	一级科目	二级科目 或明细科目	记　账	借方金额										贷方金额									
				千	百	十	万	千	百	十	元	角	分	千	百	十	万	千	百	十	元	角	分
合　计																							

附件　　张

会计主管：　　　　复核：　　　　记账：　　　　出纳：　　　　制单：

记 账 凭 证

年 月 日 编号

摘 要	一级科目	二级科目或明细科目	记 账	借方金额										贷方金额									
				千	百	十	万	千	百	十	元	角	分	千	百	十	万	千	百	十	元	角	分
合 计																							

附件 张

会计主管： 复核： 记账： 出纳： 制单：

记 账 凭 证

年 月 日 编号

摘 要	一级科目	二级科目或明细科目	记 账	借方金额										贷方金额									
				千	百	十	万	千	百	十	元	角	分	千	百	十	万	千	百	十	元	角	分
合 计																							

附件 张

会计主管： 复核： 记账： 出纳： 制单：

记 账 凭 证

年　　月　　日　　　　　　　　　　　　　　　　编号

摘　要	一级科目	二级科目 或明细科目	记　账	借方金额										贷方金额									
				千	百	十	万	千	百	十	元	角	分	千	百	十	万	千	百	十	元	角	分
合　计																							

附件　　张

会计主管：　　　　复核：　　　　记账：　　　　出纳：　　　　制单：

记 账 凭 证

年　　月　　日　　　　　　　　　　　　　　　　编号

摘　要	一级科目	二级科目 或明细科目	记　账	借方金额										贷方金额									
				千	百	十	万	千	百	十	元	角	分	千	百	十	万	千	百	十	元	角	分
合　计																							

附件　　张

会计主管：　　　　复核：　　　　记账：　　　　出纳：　　　　制单：

记 账 凭 证

年 月 日 编号

摘要	一级科目	二级科目 或明细科目	记账	借方金额										贷方金额									
				千	百	十	万	千	百	十	元	角	分	千	百	十	万	千	百	十	元	角	分
合计																							

附件 张

会计主管： 复核： 记账： 出纳： 制单：

记 账 凭 证

年 月 日 编号

摘要	一级科目	二级科目 或明细科目	记账	借方金额										贷方金额									
				千	百	十	万	千	百	十	元	角	分	千	百	十	万	千	百	十	元	角	分
合计																							

附件 张

会计主管： 复核： 记账： 出纳： 制单：

记 账 凭 证

年 月 日 编号

摘 要	一级科目	二级科目或明细科目	记 账	借方金额										贷方金额									
				千	百	十	万	千	百	十	元	角	分	千	百	十	万	千	百	十	元	角	分
合 计																							

附件 张

会计主管： 复核： 记账： 出纳： 制单：

记 账 凭 证

年 月 日 编号

摘 要	一级科目	二级科目或明细科目	记 账	借方金额										贷方金额									
				千	百	十	万	千	百	十	元	角	分	千	百	十	万	千	百	十	元	角	分
合 计																							

附件 张

会计主管： 复核： 记账： 出纳： 制单：

记 账 凭 证

年 月 日　　　　编号

摘 要	一级科目	二级科目或明细科目	记 账	借方金额										贷方金额									
				千	百	十	万	千	百	十	元	角	分	千	百	十	万	千	百	十	元	角	分
合 计																							

附件　　张

会计主管：　　复核：　　记账：　　出纳：　　制单：

记 账 凭 证

年 月 日　　　　编号

摘 要	一级科目	二级科目或明细科目	记 账	借方金额										贷方金额									
				千	百	十	万	千	百	十	元	角	分	千	百	十	万	千	百	十	元	角	分
合 计																							

附件　　张

会计主管：　　复核：　　记账：　　出纳：　　制单：

记 账 凭 证

年 月 日　　　　编号

摘要	一级科目	二级科目或明细科目	记账	借方金额										贷方金额									
				千	百	十	万	千	百	十	元	角	分	千	百	十	万	千	百	十	元	角	分
合计																							

附件　　张

会计主管：　　复核：　　记账：　　出纳：　　制单：

记 账 凭 证

年 月 日　　　　编号

摘要	一级科目	二级科目或明细科目	记账	借方金额										贷方金额									
				千	百	十	万	千	百	十	元	角	分	千	百	十	万	千	百	十	元	角	分
合计																							

附件　　张

会计主管：　　复核：　　记账：　　出纳：　　制单：

记 账 凭 证

年 月 日　　　　编号

摘　要	一级科目	二级科目或明细科目	记　账	借方金额										贷方金额									
				千	百	十	万	千	百	十	元	角	分	千	百	十	万	千	百	十	元	角	分
合　计																							

附件　　张

会计主管：　　复核：　　记账：　　出纳：　　制单：